pelo Espírito NINA BRESTONINI

DEIXE-ME *Nascer*

Book Espírita Editora

1ª Edição

| Rio de Janeiro | 2020 |

OSMAR BARBOSA

BOOK ESPÍRITA EDITORA

ISBN: 978-65-991053-6-4

Capa
Marco Mancen

Projeto Gráfico e Diagramação
Marco Mancen Design

Imagens
Depositphotos / Pixabay

Revisão
Priscilla Melo

Marketing e Comercial
Michelle Santos

Pedidos de Livros e Contato Editorial
comercial@bookespirita.com.br

1ª edição
Prefixo Editorial: 92620
Impresso no Brasil

BOOK
ESPÍRITA
EDITORA

Outros livros psicografados por Osmar Barbosa

Cinco Dias no Umbral

Gitano - As Vidas do Cigano Rodrigo

O Guardião da Luz

Orai & Vigiai

Colônia Espiritual Amor e Caridade

Ondas da Vida

Antes que a Morte nos Separe

Além do Ser - A História de um Suicida

A Batalha dos Iluminados

Joana D'Arc - O Amor Venceu

Eu Sou Exu

500 Almas

Cinco Dias no Umbral - O Resgate

Entre nossas Vidas

O Amanhã nos Pertence

O Lado Azul da Vida

Mãe,Voltei!

Depois...

O Lado Oculto da Vida

Entrevista com Espíritos - Os Bastidores do Centro Espírita

Colônia Espiritual Amor e Caridade - Dias de Luz

O Médico de Deus

Amigo Fiel

Impuros - A Legião de Exus

Vinde à Mim

Autismo - A escolha de Nicolas

Umbanda para Iniciantes

Parafraseando Chico Xavier

Cinco Dias no Umbral - O Perdão

Acordei no Umbral

A Rosa do Cairo

Agradecimento

Agradeço primeiramente a Deus por ter me concedido esse verdadeiro privilégio de servir humildemente como um mero instrumento dos planos superiores.

Agradeço a Jesus Cristo, espírito modelo, por guiar, conduzir e inspirar meus passos nessa desafiadora jornada terrena.

Agradeço a Nina Brestonini e aos demais espíritos ao lado dos quais tive a honra e o privilégio de passar alguns dias psicografando este livro. Agradeço ainda pela oportunidade e por permitirem que essas humildes palavras registradas neste livro ajudem as pessoas a refletir sobre suas atitudes, evoluindo.

Agradeço ainda à minha família pela cumplicidade, compreensão e dedicação. Sem vocês ao meu lado, dando-me todo tipo de suporte, nada disso seria possível.

E agradeço a você, leitor amigo, que comprou este livro, e com a sua colaboração nos ajudará a levar a Doutrina Espírita e todos os seus benefícios e ensinamentos para mais e mais pessoas.

Obrigado.

A todos, os meus mais sinceros agradecimentos.

Osmar Barbosa

Conheça um pouco mais de Osmar Barbosa:
www.osmarbarbosa.com.br

“

Caríssimos, não acrediteis em todos os Espíritos, mas provai se os Espíritos são de Deus, porque são muitos os falsos profetas que se levantaram no mundo.

”

(João, Epístola I, cap. IV: 1)

Prefácio

Nós espíritas acreditamos que a partir do momento em que o óvulo é fecundado pelo espermatozoide, surgindo o embrião, inicia-se uma reencarnação, ou seja, um espírito é ligado ao organismo em desenvolvimento, com a supervisão de técnicos da espiritualidade superior. Então, a sexualidade deveria ser exercida com responsabilidade. Porque, para nós, o aborto provocado é sempre um crime contra a vida, e dos mais lamentáveis, mesmo no caso de fetos defeituosos (ex.: os anencefálicos).

Assim, começamos a escrever essa obra.

Minhas dúvidas são intermináveis com relação ao aborto. Sempre estudei muito sobre o tema, e quando Nina me trouxe essa psicografia, eu fiquei muito feliz, afinal, minhas dúvidas certamente são a de milhares pessoas, espíritas e não espíritas, e seriam respondidas.

Aproveitei ao máximo aquele momento para perguntar a ela, antes de começarmos efetivamente a psicografia, sobre as dúvidas mais naturais que existem sobre o tema, assim nosso diálogo começou.

Fiz várias perguntas e destaco abaixo, algumas que ela me respondeu, outras eu preferi não revelar, pois achei inoportunas nesse momento, mas guardei os ensinamentos, e se Deus me permitir, um dia trago para vocês, meus amigos e amigas leitores.

Começamos assim nossa conversa:

– Nina, como podemos enxergar o aborto quando a vida da mãe está em jogo?

– Osmar, quando se trata de aborto terapêutico, cujo objetivo é salvar a vida da mulher-mãe, porque sendo ela poupada, outra oportunidade terá. É sempre recomendável analisar bem caso a caso antes da decisão final e é fundamental que não julgue sem saber os reais motivos que levaram aquela mãe-mulher e seus médicos e familiares a tomar tal decisão. Tudo tem que ficar bem claro, entende?

– Sim, claro que sim, Nina. E o aborto clandestino, como devemos encará-lo?

– Vocês querem justificá-lo dizendo que, quando o aborto for legalizado, a onda de crimes se fará muito menor. Quem pensa assim está equivocado. Em países onde o aborto foi legalizado, as estatísticas demonstram a continuidade do aborto clandestino, pondo-se em risco a vida da mulher, basta você pesquisar.

– E quais são as consequências espirituais, Nina?

– Essa é uma variável quase impossível de responder, mas vou citar alguns exemplos para que vocês possam refletir. Lembre-se, aborto é crime espiritual e suas consequências são infinitas. Exemplo disso é que o espírito abortado poderá voltar-se contra a responsável por sua infelicidade (a mãe, o médico, e todos os envolvidos). Por ter lhe negado uma oportunidade, tornando-se o espírito, um obsessor. Ainda que o filho(a) assassinado(a) seja de índole pacífica, disposto a afastar-se sem rancor, ela, a mãe, se situará em estado latente de desajuste, que se refletirá em seu psiquismo na forma de angústias e depressões, favorecendo futuramente ao assédio de espíritos obsessores que exploram as fraquezas humanas. Além disso, o aborto criminoso gera desajustes perispirituais na mulher. Estes desajustes, mais cedo ou mais tarde, na existência atual ou futura, darão origem a enfermidades e limitações que se fixarão nos órgãos correspondentes à natureza de seu crime. Exemplo: esterilidade, tumores, infecções renitentes, endometriose, podendo ainda gerar doenças psíquicas, tais como depressão, ansiedade, esquizofrenia, transtornos alimentares, somatização, transtorno bipolar, transtorno obsessivo-compulsivo e etc.

– Meu Deus, Nina, e quando a gravidez é contra a vontade, como no caso de estupro? O que se pode fazer?

– Nada, Osmar. Em qualquer caso, a maternidade é digna e nobre. Ela é reservada a espíritos preparados para isso. Além do mais, vocês não sabem se o espírito reencarnante, recebido em circunstâncias tão sofridas, não será o amparo, o amigo de que a mãe precisará para suportar provas evolutivas.

Quem pode garantir que essa mãe que recebe em seus braços um filho que a vida lhe impôs não se trata de um espírito que vem junto a ela resgatar débitos de vidas anteriores?

Há muitos mistérios na encarnação incompreensíveis ainda para muitas mães, incompreensível ainda a vocês encarnados.

O estuprador apenas produziu um corpo carnal, Osmar, o espírito que irá se vincular àquele corpo e dará vida a ele é um filho de Deus, e como tal, tem que ser respeitado.

Caso a mulher não queira conviver com o "filho de Deus", dê esta criança para adoção, mas não mate. Existem várias possibilidades que a mulher-mãe pode fazer para não conviver com aquele espírito reencarnante, além do mais, em muitos casos, a mulher-mãe é somente o veículo que possibilita a reencarnação de um espírito que precisa estar na vida humana para sua evolução. E evolução não se nega a ninguém.

– Mas e o livre arbítrio da mulher, Nina?

– Há quem defenda o livre arbítrio da mulher. Mas quem é que defende o livre arbítrio do feto?

O aborto, assim como o suicídio, é um dos maiores crimes que se podem perpetrar, porquanto a vítima do aborto não tem oportunidade de defesa.

Já a gravidez pode ser prevenida.

Abortar para fugir da responsabilidade, geralmente livremente aceita, nunca. O sexo deve ser exercido com responsabilidade, é natural que se arque com as consequências.

No caso, o filho. A mulher deveria considerar que o filho que está a caminho, sejam quais forem as circunstâncias em que venha ao mundo, ainda que represente para ela sacrifícios e lutas, é alguém enviado por Deus para oferecer-lhe a mais elevada de todas as funções, a mais nobre de todas as missões. Lembre-se, somos co-criadores.

Quem pode lhe garantir que esse espírito não traz em sua bagagem, por exemplo, o maior atleta de futebol do mundo? Um grande inventor? Uma grande celebridade? Um presidente da república, um descobridor, uma mártir...

Vocês devem se conscientizar que, as mulheres são "CO-LABORADORAS DO CRIADOR NA OBRA DA CRIAÇÃO". E isso é fato a ser considerado em todas as circunstâncias.

Muito impressionado com as respostas dessa iluminada mentora, prossegui fazendo mais algumas perguntas.

– Nina, e o controle da natalidade, o que vocês têm a dizer sobre isso?

– É uma medida muito válida. Entre programarmos a prole, mantendo a harmonia familiar e deixarmos que venhamos a derrapar pelo aborto, o planejamento familiar, do ponto de vista espiritista, é profundamente ético. É melhor fazer isso do que abortar.

– E os médicos, familiares, amigos e pessoas que induzem ou auxiliam a mulher a realizarem o aborto?

– Todos aqueles que induzem ou auxiliam a mulher na eliminação do nascituro possuem também a sua culpabilidade no ato criminoso: maridos, amantes ou namorados que obrigam as esposas; médicos que estimulam e o realizam; enfermeiras e parteiras inconscientes. Colegas e amigos que estimulam a decisão, todos tem parcela significativa no ato.

Para a JUSTIÇA DIVINA, todos os envolvidos no ato criminoso sofrerão as consequências sombrias, imediatas ou em longo prazo, de acordo com o seu grau de culpabilidade. Colhe-se aquilo que se planta, lembrem-se sempre disso.

– O que deve fazer então, Nina, a mulher que fez aborto e está arrependida?

– O espiritismo tem diversas obras assistenciais que auxiliam a mulher a superar o remorso após a prática do aborto.

Elas podem, por exemplo, ajudar filhos que perderam suas mães, podem também adotar órfãos.

Há muito serviço em creches, berçários, hospitais, casas de sopas, lares de infância, que esperam por corações generosos e mãos dispostas a servir. Se a dor é a moeda com a qual a justiça divina cobra vossos débitos, o bem é inestimável valor alternativo, com o qual a divina misericórdia vos permite abreviar vossos padecimentos exercitando tarefas redentoras.

Portanto, qualquer pessoa de mediana capacidade de discernimento, sabe que O ABORTO É GRAVE.

"Podem legalizá-lo um milhão de vezes, mas nunca o moralizarão". O fato de ser legal não implica em ser moral.

– Eu vejo movimentos para a legalização do aborto, Nina, e isso me entristece muito.

– É sinal de que seu coração é bom.

– Sério, Nina?

– Sim, quando a dor do outro faz com que você não se sinta bem, é bom. Isso agrada ao Pai.

– Somos muito imperfeitos, Nina!

– Mas vocês estão na estrada. Basta seguir a sinalização.

– Que lindo, Nina! Obrigado!

– A encarnação é uma longa estrada, Osmar. Nela, você vai encontrar curvas difíceis de fazer. Quando as encontrar, diminua a velocidade e seja prudente. Haverá estradas esburacadas, nessas, você precisará andar em marcha lenta para não danificar o veículo, mas haverá também estradas retas e de excelente piso, nessas, acelere e seja feliz. Tenha consciência que você está na direção e é o único responsável pelo acidente, caso ele ocorra.

– Lembrei-me agora de um fato. Uma vez, eu fui a um centro espírita para fazer uma palestra sobre o aborto. Lembro-me bem desse dia. A palestra foi maravilhosa e ao final uma linda jovem me procurou e disse-me:

– Sr. Osmar, eu quero lhe agradecer pela palestra. Sabe, foi Deus quem me trouxe aqui hoje. E suas palavras me fortaleceram para tomar uma decisão.

– Eu agradeci o carinho e as palavras, e ela prosseguiu:

– Vou confessar uma coisa para o senhor, amanhã eu estou marcada para realizar um aborto, mas após ouvir suas palavras, eu não vou fazer isso. Esse bebê não merece que eu faça isso. Vou conversar com os meus pais e informar que decidi ter a criança.

– Eu então a abracei ainda mais forte e agradeci por sua decisão. Ela me abraçou com carinho e se afastou. Logo atendi as outras pessoas que queriam falar comigo. Ao final, uma senhora se aproximou de mim, e com lágrimas nos olhos, me abraçou dizendo:

– Obrigada pelo que o senhor fez em nossas vidas.

– Mas o que fiz?

– Minha filha disse que não vai mais fazer o aborto. Eu estou muito feliz com a decisão dela. Minha filha não é espírita, por acaso eu consegui convencê-la de vir à palestra hoje, sequer sabia que o tema seria sobre o aborto, foi Deus que nos trouxe aqui.

As lágrimas começaram a descer naquele rosto cansado de mãe. Eu então a abracei carinhosamente e agradeci a vocês, Nina, por tudo o que tens me dado, se não fossem vocês me intuindo nas palestras e me educando nos livros que psicografo, não sei se conseguiria passar os ensinamentos que recebo para as outras pessoas.

– Essa é uma das centenas de oportunidades que o centro espírita oferece, Osmar. Nós estamos a serviço do próximo e daqueles que precisam de algum tipo de auxílio. Essa é a grande obra da espiritualidade. Essa é a grande missão dos espíritas.

– Foi um dia marcante para mim, Nina. E o melhor, aconteceu após cinco anos.

– O que aconteceu?

– Eu estava em uma festa, era um almoço onde centenas de pessoas se divertiam, quando uma menina se aproximou de mim trazendo na sua mão direita um menino de uns quatro aninhos, ela se aproximou sorrindo e me entregou o menino, jogou-o no meu colo. Imediatamente, eu peguei a criança com carinho, ele era lindo, eu gosto muito de crianças. Ela então disse:

– Segura esse menino, ele também é seu, Osmar.

– Meu, como assim, menina?

– Você não se lembra de mim?

– Desculpe, eu não me lembro!

– Eu sou aquela menina da palestra, lembra?

– Palestra, que palestra?

– Do aborto! Lá no centro, lembra?

– Ah, lembrei. E esse é o bebê que você desistiu de abortar?

– Sim, ele é o bebê que eu iria abortar.

Nos abraçamos como nunca. A mãe dela, que assistia a tudo de longe, se aproximou e nos abraçamos. Ela então me disse que estava grávida novamente e que se casará com o pai do menino e estavam muito felizes.

– Ao final, nos despedimos com muitos abraços e sorrisos. Foi uma tarde inesquecível.

– Viu, Osmar, como é bom fazer o bem!

– Pois é, Nina, nunca mais vou me esquecer desse dia, e muito menos daquele lindo menino que ficou alegre no meu colo, parecia que me conhecia.

– A vida não se resume a essa vida, Osmar!

– Obrigado, Nina.

– Vamos escrever?

– Sim, claro, vamos!

– Convide todos a conhecer a história de Eliana nesse livro que chamaremos de *Deixe-me nascer*!

– Vamos em frente, Nina, e obrigado por tudo!

– Escreva, Osmar, escreva!

Osmar Barbosa

Sumário

"*Somos responsáveis pela semeadura,*
e intimados à colheita."

Osmar Barbosa

São Paulo

O dia é nublado e chuvoso, uma garoa insiste em molhar toda cidade. A temperatura é baixa. O hospital está lotado.

– Vem, Paula, sente-se aqui que eu vou preencher a ficha na recepção. – diz Sandro esbaforido e molhado.

– Vai rápido, amor, não aguento mais essa dor. O bebê quer nascer.

Sandro é mototáxi no bairro do limão, onde moram. Ele e Paula decidiram viver juntos após descobrirem a gravidez de Paula.

Sandro tem apenas dezenove anos, parou a escola aos dezesseis, pois precisava ajudar nas despesas de casa.

Paula é morena, tem um metro e sessenta e oito, cabelos negros, olhos castanhos e tem apenas dezesseis anos. Não estuda e cuida do quarto em que vive com seu grande amor em uma comunidade da grande cidade.

Filha de imigrantes nordestinos, Paula, apaixonada por Sandro, deixou a escola aos quinze anos assim que descobriu a gravidez.

Mal fez o pré-natal, portanto não sabe ainda o sexo do bebê. Só esteve duas vezes no médico do posto de saúde de onde mora.

– Vai amor, tá doendo muito! – insiste a jovem.

– Fica aqui. – diz Sandro se dirigindo à recepção da maternidade.

Sandro, após preencher a ficha de atendimento, é orientado a aguardar que uma enfermeira venha buscar Paula para levá-la à emergência para ser atendida.

– Amor, agora temos que esperar. – diz Sandro.

– Esperar o que, Sandro? Eu não aguento mais essa dor.

– A moça disse que temos que esperar porque a enfermeira vai vir aqui para te pegar e te levar para o médico olhar.

– Olhar o que, Sandro? O bebê está quase nascendo.

– Eu falei isso para ela, amor.

– Volta lá, Sandro, fala com ela que eu estou em trabalho de parto.

– Eu já falei isso, amor.

– Vai lá, Sandro, fala com ela, por favor. – diz Paula se contorcendo de dor.

Sandro se levanta e volta ao atendimento para falar novamente com a funcionária do hospital.

– Moça, com licença, é que a minha mulher está passando muito mal, ela precisa ser atendida imediatamente.

– Ela não é nossa paciente, por isso demora um pouco para ser atendida, meu rapaz.

– Eu já passei por outros dois hospitais e me mandaram trazer ela para cá, moça.

– Eu sei, menino, mas ela não fez o pré-natal conosco, não temos muitas informações sobre ela, por isso ela tem que esperar um encaixe.

– Encaixe? Como assim?

– Não temos o acompanhamento dela, o pré-natal, entende?

– Não, eu não entendo, eu preciso é que a minha mulher seja atendida, nosso bebê já vai nascer.

– Espere que eu vou lá dentro falar com a enfermeira chefe para autorizar a entrada dela. Eu já volto. – diz a jovem atendente.

– Obrigado, moça.

– Espere que eu já volto.

Sandro volta ao banco em que Paula está se contorcendo em dor. Uma senhora se aproxima para tentar ajudar.

– Ela está em trabalho de parto, menino?

– Sim, senhora, desde cinco horas da manhã que ela está assim. Já estivemos em diversos hospitais e me mandaram trazê-la pra cá.

– Meu Deus, mas já passa do meio-dia!

– Pois é, já passamos por dois hospitais e eles disseram que não tinha vaga, daí mandaram a gente vir para cá.

– Deixe-me ajudar ela. – diz Eleni se aproximando.

– Encoste sua cabeça em mim, menina. Qual é o seu nome?

– Paula, moça, meu nome é Paula!

– Fique calma, Paula, que vai dar tudo certo. Meu nome é Eleni. Eu já fui mãe três vezes estou acostumada com isso.

– Me ajuda, moça, está doendo muito.

– A dor é terrível mesmo. Tenha calma, Paula.

– Ajude minha esposa, senhora, por favor.

– O que eles estão esperando para autorizar a Paula a ser atendida?

– A moça da recepção disse que ia falar com a enfermeira chefe.

– Esse hospital é o melhor que existe para seu filho nascer, Paula, mas a burocracia que existe aqui é insuportável. Tenha calma!

– Será que eles vão atender a minha mulher?

– Certamente. Respire fundo, Paula, você está sentindo contrações?

– Sim. – diz Paula com muita dor.

– O que eu faço, dona?

– Volta lá e insiste para eles atenderem logo sua esposa.

Sandro se levanta e vai em direção à porta que dá acesso à emergência. Lá está João Carlos, o guarda que controla a entrada e saída dos pacientes.

– Senhor, eu preciso que a minha esposa seja atendida. O senhor pode deixar ela entrar?

– Você já fez a ficha dela?

– Sim, eu fiz e a moça pediu para esperar.

– Então tem que esperar.

– Mas ela está passando muito mal.

– Tem que esperar, rapaz.

– Mas, moço, ela está passando muito mal desde às cinco horas da manhã, eu já fui à vários hospitais e nada.

– Tem que esperar a autorização para ela entrar. Isso aqui é uma maternidade, e a todo tempo chegam mulheres como a sua esposa, passando mal, e todas têm que esperar para entrar, você entendeu?

– Entendi.

– Então fique com a sua esposa que já irão buscá-la.

– Tá certo, obrigado. – diz Sandro se afastando.

Paula está mais calma, a contração em seu intervalo natural cessou.

– Está melhor, amor?

– Por alguns minutos, ela ficará melhor. – diz Eleni.

– O que eles disseram, Sandro?

– O guarda disse que tem que esperar que eles vão vir aqui te buscar.

– Você falou da minha dor? – diz Paula.

– Sim, falei, amor.

– Meu Deus!

– Tenha calma, Paula. Controle a respiração. – aconselha Eleni.

Eleni puxa a cabeça de Paula e a deita sobre o seu colo acariciando a linda jovem.

– Vocês não têm familiares?

– Temos, mas eles moram longe e não deu tempo para avisar.

– Minha mãe vai ficar muito preocupada, Sandro.

– Assim que as coisas acalmarem aqui, eu pego a moto e vou até a casa da sua mãe buscar ela, Paula.

– Ela está no trabalho hoje, Sandro. – diz Paula.

– Liga pra ela, Sandro. – diz Eleni.

– Nós já ligamos, é que a mamãe, quando está no trabalho, desliga o telefone.

– Não tem outro familiar que possa ser avisado?

– Não, dona Eleni, só temos o telefone da padaria que fica próximo à casa da mãe de Paula, não vale a pena avisar eles não gostam que liguemos para lá. Quando ela se internar, eu vou de moto rapidinho, aproveito e trago dona Lorena para cá.

– Você tem mais irmãos, Paula?

– Não, sou filha única, a minha mãe veio do Nordeste tentar a vida em São Paulo, ela trabalha de doméstica. Eu sou filha de um relacionamento que a minha mãe teve ainda jovem, eu nem conheço o meu pai.

– Sua mãe é mãe solteira?

– Sim, ela hoje está na casa da dona Matilde, lá no bairro do Jardins. Aliás, em várias casas, ela não tem emprego fixo.

– Tá melhor da dor, amor? – pergunta Sandro.

– A dor agora é assim, Sandro, ela vai e volta, e toda vez que volta, ela volta mais forte, até o nascimento do bebê. É menino ou menina?

– Não sei.

– Você não fez a ultra?

– Não. – diz Paula.

– E você, rapaz, não quis saber o sexo do seu filho?

– Eu trabalho dia e noite, senhora, a minha vida é de muita luta para dar o mínimo de conforto à Paula.

– O que você faz, Sandro?

– Eu sou mototáxi, carrego pessoas durante o dia na comunidade e entrego pizza à noite.

– Você trabalha todos os dias?

– De segunda a segunda. Eu quero dar uma vida melhor para a nossa família.

– Eu também tenho um menino. Eu tenho três filhos. Duas meninas e um menino.

– O que a senhora faz aqui?

– Eu vim visitar uma amiga que teve um bebê. – diz Eleni.

– Ela teve um neném?

– Sim, Paula, ela teve um menino.

– E está passando bem?

– Sim, os dois estão passando bem.

– Que bom! – diz Sandro.

Paula se levanta do colo de Eleni e se senta alisando a enorme barriga. Ela se sente melhor.

– É um bebê só? – pergunta Eleni.

– Como assim?

– A sua barriga está muito grande para ser um bebê só.

– Viu, Paula, eu te falei para você ir ao posto de saúde e fazer o pré-natal. Agora não sabemos nem se são um bebê ou dois. – diz Sandro.

– O pré-natal é muito importante, Paula. – diz Eleni.

– Eu sempre tive medo de hospital, além disso. Minha mãe nem precisou ir ao hospital para eu nascer.

– Isso não quer dizer que você não precise, Paula. – diz Eleni.

– Eu não preciso. Estou bem e meu bebê vai nascer saudável. – insiste a jovem.

– Que Deus permita seja assim. – diz Eleni.

Paula seca o suor do rosto com uma pequena toalha branca que carrega consigo. Sandro se aproxima e beija a mulher.

– Tenha calma, amor, vai dar tudo certo! – diz Sandro acariciando Paula.

O amor é visível entre o casal.

– Vocês são lindos. – diz Eleni.

– Obrigado, dona. – diz Sandro.

O guarda abre as duas portas, de onde sai uma maca puxada por um enfermeiro e uma enfermeira.

– Olhe, eles vieram te buscar, Paula. – diz Eleni.

Sandro se vira e vê os enfermeiros se aproximando. Em seu peito, bate uma angústia.

– Você está bem, Sandro?

– Sim, amor.

– Você está branco.

– Você está bem mesmo, rapaz? – pergunta Eleni.

Sandro se senta pálido e trêmulo.

– Meu Deus, o que está havendo, Sandro?

– Tenha calma, Paula. – diz Eleni auxiliando Sandro.

Os enfermeiros se aproximam trazendo um formulário à mão.

– Você é Paula?

– Sim, sou eu!

– Suba na maca, vamos te levar para a emergência.

– Meu marido não está bem.

O rapaz enfermeiro se aproxima e pega no pulso de Sandro. Passa a mão sobre a testa do rapaz e diz:

– Pegue um copo com água para ele, senhora, não me parece ser nada de mais, só uma indisposição ou medo de hospital.

Imediatamente, Eleni vai até o bebedouro na recepção e traz um copo com água para Sandro que, trêmulo, bebe toda a água.

Paula já está deitada à maca e uma nova contração começa.

– Gente, cuida dele para mim. – implora Paula, sentindo as contrações.

– Deixa que eu cuido dele, Paula, vá ter seu bebê. – diz Eleni cuidando de Sandro que, pálido, mal consegue se despedir da esposa.

Os enfermeiros seguem levando Paula para dentro da emergência.

Sandro é assistido por Eleni, que o acaricia como um filho.

Ela tira o casaco molhado do rapaz e abana seu rosto com as mãos.

Aos poucos, Sandro começa a melhorar.

Após alguns minutos, ele está sentado e melhor.

– Melhorou, rapaz?

– Sim, obrigado por sua ajuda, dona Eleni, eu me sinto melhor!

– De nada, meu filho. Você comeu hoje?

– Não, nem café da manhã eu tomei.

– Então, vamos até a lanchonete, eu faço questão de pagar um lanche para você.

– Eu agradeço. Não tenho dinheiro mesmo nem para lanchar, pois o último dinheiro que eu tinha gastei com a gasolina da moto.

– Venha, vamos comer, não se preocupe com isso. – diz Eleni se levantando.

Sandro se levanta cambaleando e segue junto com Eleni para a cantina do hospital.

Paula, após ser atendida na emergência, é internada para o parto da criança.

– Coma. – diz Eleni entregando nas mãos de Sandro um sanduíche e um refrigerante.

Eleni se senta na mesma mesa de Sandro e fica observando o rapaz comer. Sandro não consegue disfarçar seu apetite e devora o sanduíche em poucos minutos.

– Você quer mais, Sandro?

– Não, senhora, obrigado!

– Tem certeza?

– Tenho. Obrigado pelo lanche, eu estava mesmo passando mal de fome.

– Você precisa avisar à sua sogra sobre o nascimento do neto, quer dizer, do nascimento da criança.

– É, eu vou até a casa da patroa dela avisar.

– Eu vou ficar por aqui mais um pouco. Vá avisar aos seus familiares sobre o nascimento do seu filho. Qualquer coisa, eu cuido da Paula. Eu anotei aqui o meu telefone, se precisar de algo, me ligue. – diz Eleni entregando a Sandro um pedaço de papel com o número do telefone dela.

– A senhora não vai embora?

– Na verdade, eu faço um trabalho aqui no hospital.

– A senhora trabalha aqui? – diz Sandro pegando o pedaço de papel.

– Não, eu sou voluntária e auxilio mães com a chegada de seus bebês. Leve esse papel, se precisar de algo, me liga.

– Está bem. Como assim voluntária?

– Esse hospital é público, e é aqui que muitas mães desesperadas querem deixar seus filhos à sorte. Meu trabalho é orientá-las e auxiliá-las nesse momento tão difícil.

– Como assim deixar seus filhos?

– Há muitas mães que não querem ter seus bebês e resolvem abandoná-los ou doá-los assim que nascem. Meu trabalho é orientar essas mães e auxiliá-las a compreender a vinda desses filhos. Quando não querem realmente o bebê, temos um abrigo onde acolhemos essas crianças.

– A senhora é de alguma igreja?

– Mais ou menos.

– Como assim?

– A minha história é muito longa. Vá avisar seus familiares sobre a chegada do seu bebê que eu vou ficar por aqui. Quando você voltar, conversaremos melhor sobre quem sou eu.

– Está bem, eu vou até a casa da patroa da minha sogra avisar a ela sobre o nascimento da criança. A minha sogra não gosta muito de mim, não sei como ela vai reagir.

– Não julgue os pensamentos e a decisão da sua sogra, faça a sua parte. Ela vai ficar feliz, confie. E seus familiares?

– Meus pais moram em Minas, depois eu ligo para eles avisando.

– Então vá, eu vou ficar aqui esperando.

– Obrigado pelo lanche, dona Eleni.

– De nada, Sandro. Vai com Deus!

Sandro se levanta e vai cumprir o combinado.

Paula está sendo assistida pelos médicos e enfermeiros.

Eleni permanece sentada na recepção do hospital esperando pelo nascimento de mais um bebê.

Qual será o destino dessa criança?

“

A vida é idealizada nos sonhos e realizada no amor.

”

Osmar Barbosa

Rio Grande do Sul

– Bom dia, pai!

– Bom dia, filhinha, acordaste agora?

– Sim, papai!

– Prepara-te então para os estudos de hoje, guria.

– Estou esperando a preguiçosa acordar.

– Pare de birra com tua irmã, guria. Vá até o quarto e acorde ela, vá.

– Sim, papai.

Matilde se dirige ao pequeno quarto da humilde chácara onde dorme Eliana sossegadamente.

– Acorde, irmã, nosso pai manda estudarmos.

– Não quero estudar.

– Ele vai ficar bravo, levanta logo.

– Não quero levantar.

– Levanta logo, guria! – grita Matilde.

Eliana, muito contrariada, se levanta e troca de roupa.

– Onde está a mãe?

– Dever estar na roça.

– Temos mesmo que ir estudar?

– Sim, o pai mandou. Coloca os calçados e vamos para a escola.

Matilde e Eliana são filhas gêmeas do agricultor Josevaldo e de Maria. Eles moram numa pequena propriedade ribeirinha. Vivem da roça de legumes e da plantação de flores e frutas.

São dedicados e cuidam muito bem das meninas.

Matilde é um pouco mais saída que Eliana. Loiras de olhos claros, as meninas são um encanto, parecem dois anjos.

Todos os dias, seguem juntas para uma pequena escola que fica a um quilômetro e meio de sua casa.

A caminhada é solitária. Elas têm dez anos de idade. São muito queridas na escola e em casa.

Josevaldo está consertando a chaminé do fogão a lenha que há na cozinha preparada em um cômodo separado da casa de três cômodos. Há uma sala e dois quartos. O banheiro fica um pouco distante. A fumaça da lenha que queima para cozinhar incomoda muito Maria, que é alérgica. Assim, Josevaldo preparou o fogão em um cômodo anexado a casa, de forma que o cheiro e a fumaça não atrapalham a vida de Maria.

Maria é uma linda mulher e Josevaldo um marido apaixonado.

– Papai, estamos prontas. – diz Eliana beijando a face do pai.

– E você, Matilde, está pronta?

– Sim, papai.

– Peguem o lanche que sua mãe preparou e coloquem na bolsa. Tomem café e dirijam-se para a escola. Cuidado com o caminho. Muito cuidado com a ponte.

– Pode deixar, papai. – diz Eliana.

As duas meninas, após o café, comem um pedaço de pão caseiro e dirigem-se à escola.

Essa é a rotina daquela humilde família sulista.

– Vem, Eliana, vamos olhar a queda d'água!

– Não quero olhar nada, Matilde, você sabe que tenho medo de altura.

– Deixa de ser boba, vem olhar. Olhe, ontem choveu e a cascata está cheia de água.

– Não quero olhar.

– Você é medrosa mesmo, hein, Eliana.

Eliana se afasta e acelera o passo em direção à escola, que fica a poucos metros da pequena ponte onde há uma cascata. A altura é de aproximadamente dez metros. Eliana tem muito medo de altura.

Assim, as duas meninas chegam à escola.

Mais um dia se passa, e na manhã seguinte:

– Mãe!

– Sim, Eliana.

– Mãe, todos os dias quando vamos para a escola, a Matilde quer que eu debruce sobre a ponte para olhar a queda d'água. Eu não quero fazer isso, mamãe, tem alguma coisa que me deixa muito assustada naquela ponte.

– Matilde! – grita Maria.

A menina aparece ofegante.

– Onde você estava?

– Brincando com as galinhas.

– Por que você insiste que a Eliana debruce sobre a ponte para olhar a queda d'água? Eu já te falei que não quero que você faça isso.

– É que é tão bonito aquele lugar, mamãe.

– A sua irmã tem medo de altura, você não sabe disso?

– Eu sei, mamãe, ela é que é uma fofoqueira.

– Ela não é fofoqueira, ela tem medo de altura, e você pare de obrigar ela a olhar sobre a ponte, é muito perigoso se debruçar sobre a ponte, eu já te falei isso.

– Está bem, mamãe.

– Não vou falar mais.

– Está bem, mamãe. – diz a menina.

Josevaldo se aproxima trazendo nas mãos ovos trazidos do galinheiro.

– Olhe, Maria, hoje as galinhas colocaram mais ovos do que o normal.

– Que bom, Josevaldo, vamos juntar para vender domingo na feira.

– Está bem, querida!

– Mamãe, eu posso brincar na casa de Arlinda?

– Pode sim, Matilde, leve Eliana com você.

– Está bem, mamãe.

Arlinda é uma menina de doze anos que mora na propriedade que fica próxima à escola. As meninas são amigas de infância.

– Não demore, venham para o almoço.

– Está bem, mamãe.

Assim, Matilde e Eliana seguem juntas para a casa da amiga. Após uma caminhada, elas finalmente chegam à casa de Arlinda.

– Arlinda, Arlinda! – grita Matilde no portão do pequeno e aconchegante rancho.

A amiga, ouvindo o chamado, se dirige à janela de seu quarto e fica muito feliz com a visita inesperada.

As meninas se divertem. Mas um ódio invade o coração de Matilde, porque Eliana é quem chama a atenção dos pais de Arlinda. Eles brincam com a menina sem mesmo olhar para Matilde. Arlinda pega uma de suas bonecas favoritas e presenteia Eliana.

– Toma, Eliana, pegue essa boneca para você.

O coração da pequena Matilde se enche de inveja.

– Obrigada, Arlinda, essa boneca é linda mesmo!

As duas meninas se sentam na calçada em frente à residência de Arlinda e começam a brincar de fazer comidinha para as bonecas. Matilde se sente desprezada e seu pequeno coração se enche de ódio.

– Vamos embora, Eliana, já é hora do almoço.

– Embora, por quê?

– Está na hora de irmos embora, a nossa mãe disse para voltarmos na hora do almoço.

– Mas mamãe falou para irmos na hora do almoço e ainda não é hora do almoço.

– Já está na hora do almoço, sim, vamos embora.

– Arlinda, eu tenho que ir, amanhã eu vou pedir a minha mãe para vir brincar com você sozinha, a minha irmã é uma chata.

– Eu te espero, traz a boneca pra gente brincar novamente.

– Tá bom, até amanhã.

Matilde nem se despede de Arlinda. Ela pega Eliana pelo braço e sai do rancho sem ao menos despedir-se de Arlinda e de seus pais.

No caminho, ela decide parar sobre a ponte para observar a queda d'água.

Eliana não se aproxima e insiste em ir para casa.

– Vamos para casa, Matilde.

– Eu só quero olhar uma coisa. – diz a menina se aproximando da ribanceira que sustenta a ponte.

– Eu tenho medo desse lugar, Matilde, já te falei, vamos embora.

– Olhe, tem algo lá embaixo! – diz Matilde.

– Não quero olhar.

– Deixa de ser medrosa, vem ver! É muito legal.

Curiosa, mas com muito medo, Eliana se aproxima lentamente da perigosa ribanceira.

– Não estou vendo nada. – diz a jovem se aproximando do precipício.

– Me dá aqui a sua boneca. – diz Matilde.

– Pra que você quer a minha boneca?

– Eu quero segurar ela um pouquinho.

Eliana entrega a boneca a sua irmã, suas pernas estão trêmulas. Ela morre de medo daquele lugar.

Em um gesto muito rápido Matilde empurra Eliana. A menina cai gritando, batendo com seu corpinho no barranco abaixo, pode-se ver seu corpo dentro d'água. Desacordada, ela é levada pela forte correnteza. Seu corpo desaparece em meio à espuma e à correnteza do rio após afundar.

Matilde vê a sua irmã gêmea morrendo e não faz nada. Consuma-se, ali, a sua vingança.

Segurando a boneca entre as duas mãos e levando-a ao peito, Matilde assiste pela última vez o corpinho de sua irmã desaparecer no fundo do rio que se forma após a cachoeira.

Após alguns minutos, Matilde decide correr até sua casa para chamar seus pais.

De nada adianta o esforço de todos. Eliana é encontrada sem vida a algumas dezenas de metros na beira do rio. O enterro é muito triste. Todos lamentam a morte do anjo loiro de olhos claros.

Inconformada, Maria nem consegue olhar para o caixão onde repousa o corpo de Eliana.

Josevaldo fica sentado na calçada do pequeno cemitério por horas após o sepultamento de sua amada filha.

Matilde tem um segredo que resolve não contar a ninguém.

Ela disse aos pais e a todos que sua irmã estava curiosa e caiu da ponte sem que ela pudesse ajudar.

Dois anos se passam e a angústia aumenta no coração de Matilde, ela já não consegue mais viver com seu macabro segredo.

Maria já não era mais a mesma. A beleza da jovem mulher se acabou nas lágrimas sofridas pela perda de Eliana.

A depressão tomou conta da sua vida e ela vive triste e chorosa.

Josevaldo se entregou à bebida e quase já não vai mais para casa.

A linda chácara e a plantação já não sustentam mais a família. Matilde se vê sozinha e perdida. O ódio por Eliana só aumenta em seu peito.

Até que Maria recebe a visita de sua irmã caçula, de nome Irma, que mora em São Paulo desde menina, levada para estudar por uma tia.

Ao saber do drama em que Maria vive, Irma deixa São Paulo e vai até o pequeno lugar para visitar sua querida irmã.

Matilde tem agora doze anos.

– Maria, Maria!

– Sim, quem é? – diz Maria após ouvir alguém chamá-la no quintal da sua humilde residência.

– Sou eu, Irma, a sua irmã.

– Irma?

– Sim, sua irmã. Posso entrar?

– O que é que você veio fazer aqui neste fim de mundo, minha irmã? – diz Maria abrindo a porta da sala.

– Eu vim te ver, minha amada irmã.

– Entra, senta. Nossa! Como você está bonita!

Irma se senta em uma cadeira na pequena casa. Matilde, que está deitada no quarto, ouve a voz da tia e se aproxima do ambiente.

– Olhe se não é a minha sobrinha Matilde. Como cresceu!

– Abrace a sua tia, Matilde! – diz Maria.

– Ela não se lembra mais de mim, não é, menina?

– Quem é a senhora?

– Eu sou Irma, a irmã da sua mãe.

Matilde se aproxima e abraça a tia, que bem arrumada e perfumada, retribui o abraço com ternura.

Matilde fica impressionada com a beleza e o cheiro da sua tia.

– Como você está, minha irmã? – Pergunta Irma.

– Tentando sobreviver com a ausência de Eliana, minha irmã, não tem mais sentido a minha vida. Depois que ela se foi, tudo aqui acabou.

– Minha irmã, já faz dois anos que seu anjinho voltou para o céu. Você tem que reerguer a sua vida. Levanta essa cabeça.

– Como, sem ela? Como, sem Josevaldo?

– Não fique assim, eu vim aqui para lhe trazer um dinheirinho muito bom, é uma quantia boa que vai dar para vocês recomeçarem as suas vidas. Você é uma mulher bonita, Deus sabe o que faz, minha querida irmã, confie na providência divina.

– Tenho tentado viver, mas não está sendo fácil. Me diz, o que você tem feito em São Paulo para ter tanto dinheiro e estar assim com essa vida boa?

– Negócios, minha irmã, negócios.

– Que negócios são esses, me explica?

– Meu marido é um homem de negócios e eu ajudo ele, assim, nada nos falta. Temos uma bela casa e muitos empregados. Nossa empresa é de sucesso, assim, temos tudo o que precisamos.

– Josevaldo está perdido no vício da bebida, Irma. Tem dias que nem vem em casa. Os amigos, às vezes, trazem ele bêbado, parece um mendigo. Ele fica uns dias no sofá, e assim que melhora, volta para a bebedeira. Eu já não sei mais o que fazer.

– Olha, eu vou deixar esse dinheiro com você, não precisa se preocupar em me pagar. Pegue esse dinheiro e saia desse lugar, vá para a cidade e recomece a sua vida. Se você quiser, eu levo a Matilde comigo e cuido dela até que você se restabeleça.

Os olhos da menina brilham só de pensar em sair daquele lugar.

– Matilde está indo muito mal na escola. Eu tenho mesmo vontade de sair desse lugar, tudo aqui me lembra a Eliana.

– Então, aproveite essa oportunidade e recomece a sua vida.

– Eu não sei, sonho com ela quase todos os dias. Vejo a minha menina em um lugar muito bonito brincando com outras crianças, às vezes, ela me olha e sorri.

– Tens que recomeçar, minha irmã. Estou disposta a tudo para te ajudar.

– Você ainda não teve filhos. É por isso que quer levar a Matilde?

– Eu ainda não tive filhos porque primeiro me preocupei em ganhar dinheiro, já estamos nos programando para ter nossos filhos. Eu e o Ricardo já estamos até fazendo tratamento médico para que eu possa engravidar.

– O que será da Matilde nesse fim de mundo? Eu fico pensando mesmo no futuro dessa menina.

– Deixa ela comigo uns tempos, eu cuidarei dos estudos dela, logo ela vai virar uma adolescente e precisa de um futuro bom.

– Eu acho que você tem razão, Irma. Eu preciso me cuidar, preciso me refazer e Matilde merece uma vida melhor. Mas o Josevaldo, o que digo a ele?

– Diga que a Matilde vai passar uns dias comigo. Ele vai compreender que é melhor para ela.

– Não estou bem certa disso, Irma.

Matilde interfere implorando a mãe para ir com a tia.

– Deixa eu ir, mamãe?

– O seu pai pode piorar sem você, minha filha.

– Eu vou cuidar muito bem dela. – insiste Irma.

– Meu coração diz que devo deixar. Mas e a saudade?

– Então ouça o seu coração, minha irmã.

– Só quero que você me prometa uma coisa, Irma.

– Eu te prometo o que você quiser.

– Faça da minha filha uma grande mulher. Isso me deixará muito feliz.

– Eu farei, e te prometo mais ainda, todos os anos, nós duas vamos vir aqui para visitar você e o Josevaldo. Se algum dia ela quiser ficar aqui com você, eu vou permitir, e se ela quiser voltar, você vai permitir.

– Eu amo demais você, Matilde, mas eu preciso me recuperar da perda da sua irmã. Eu preciso de ajuda para superar essa perda. Eu não perdoo Deus por ter me tirado o meu anjo. Meu coração está em pedaços após a morte de Eliana. Olhe para mim, sou um resto de mulher.

– Faz isso, minha irmã, você pode ir morar na casa da tia Odete. Eu vou levar Matilde comigo, e sempre que possível, eu a trago para você ver, e se um dia você quiser ir para São Paulo ficar conosco, será bem-vinda. Vá para a casa da titia, ela vive naquele casarão sozinha. Antes de vir para cá, eu passei na casa dela e tive essa conversa com ela, as portas da casa dela estão abertas para você e para o Josevaldo, todos estão preocupados com vocês.

– Arrume as suas coisas, minha filha, vá passar uns dias com a sua tia. A mamãe não está conseguindo cuidar nem dela, quiçá de você. Eu te amo. – diz Maria com os olhos mareados.

– Não fique assim, Maria. O melhor que fazemos agora é cuidar de todos. Ela vai ficar bem comigo. São Paulo é linda, ela terá a melhor escola e as melhores oportunidades para ser uma grande mulher.

– Está bem, Irma, eu vou consentir que ela vá com você, quem sabe essa distância cria nela a vontade de estudar e vencer.

– Sábia decisão, minha irmã, vá para a casa da titia e recomece a sua vida, você não merece viver assim.

– Preciso mesmo olhar para mim. Preciso salvar o meu casamento e o meu marido.

– Eu te amo muito, estarei sempre do seu lado. O Josevaldo vai se acostumar e logo será o grande homem que sempre foi.

– Oro a Deus todos os dias pedindo a ele que me envie uma resposta para tudo o que aconteceu comigo, e acho que ele me ouviu enviando você.

– Eu fico feliz que você pense assim. – diz Irma segurando as mãos de Maria.

– Leve-a, Irma, e cuide da nossa guria, assim que tudo estiver melhor por aqui, voltamos a conversar sobre isso.

– Combinado.

Após um café da tarde e se despedirem, Matilde e Irma seguem para o carro luxuoso e seguem viagem para São Paulo.

Radiante com as novas possibilidades, Matilde junta os farrapos que tem e se agarra na tia para fugir daquele lugar e de seus dramas.

Após alguns dias e Josevaldo ser resgatado por Maria, eles decidem ir para a cidade morar com sua tia Odete.

A esperança de dias melhores enche seus corações de alegria.

Maria está feliz em ter novamente seu marido de volta. A vida segue e eles estão em busca da recuperação do drama vivido com a perda de Eliana.

"

Quando perdemos alguém, perdemos vários motivos.
Mas quando nos encontramos com a fé, reencontramos os sentidos da vida!

"

Osmar Barbosa

Eliana

Colônia da Redenção.

– Eu não sei se vou conseguir perdoar.

– Estamos aqui para te auxiliar, Eliana. – diz Ivan.

– Precisamos mesmo tentar?

– Sim, ela precisa ter você por perto.

– Está bem, diga que aceito reencarnar ao lado dela novamente.

– Eu vou avisar ao pessoal para, na primeira oportunidade, lhe encaixar. E parabéns pela decisão.

– Confesso, não sei se estou preparada, Ivan.

– Se ainda te achas despreparada, é melhor esperar mais um pouco.

– Ivan, o que ela me fez e fez aos meus pais é imperdoável. Eu sei que preciso do perdão para cumprir tudo o que está destinado a mim e a ela. Mas confesso, não é nada fácil.

Após alguns minutos em silêncio, Ivan sugere algo diferente.

– Eu gostaria de te convidar para um passeio, Eliana, podemos?

– Um passeio? Como assim? Você sabe que fico contente quando você me convida.

– Eu quero que você conheça uma menina muito especial para mim, que está nos visitando hoje.

– Quem é?

– Nina. O nome dela é Nina.

– Quem é Nina?

– Ela é da Colônia Espiritual Amor e Caridade.

– E onde fica essa Colônia?

– Aqui pertinho. A Colônia Amor e Caridade fica dentro da Colônia das Flores.

– Eu já ouvi falar sobre a Colônia das Flores.

– Eu gostaria muito que você conhecesse a Nina. Podemos ir lá?

– Não vejo problema algum em conhecê-la.

– Então vamos passear?

– Sim.

– Vamos até os jardins da nossa colônia. Lá, eu poderei te explicar algumas coisas que ainda tens dúvidas e também te dar alguns conselhos.

– Adoro quando você me convida para caminhar, Ivan.

– Então podemos ir?

– Sim, vamos.

Ivan é um dos dirigentes da Colônia da Redenção. Essa Colônia atende aos espíritos que chegam perturbados ao plano espiritual. A Colônia da Redenção encaminha os espíritos que ali chegam aos esclarecimentos necessários à compreensão da vida após a vida. Assiste milhares de espíritos que se encontram em sofrimento, muitos são trazidos do Umbral.

O objetivo maior dessa colônia é auxiliar os espíritos e prepará-los para a tão esperada era da regeneração. Trabalha-se em Redenção o orgulho e o egoísmo, preparando os espíritos para novas oportunidades evolutivas. Essa colônia tem o formato triangular e fica sobre o estado da Bahia, mais precisamente sobre Salvador, Alagoinhas e Feira de Santana.

As ruas são largas e extensas. A maioria das construções são do tipo residencial, onde os espíritos são recebidos após o tratamento de início em triagens que são feitas em prontos-socorros de recepção em várias regiões de resgate. Há ainda prédios maiores e com acomodações coletivas nos pontos de interligação do triângulo. Há jardins que enfeitam as avenidas. Árvores floridas e muitos espíritos passeiam pelo lugar. Redenção é linda!

Eliana e Ivan caminham pela alameda principal da colônia. Todos os espíritos que os veem os cumprimentam com um gesto muito peculiar na vida espiritual. Um aceno com as duas mãos juntas ao peito como se dissessem: gratidão!

– Ela está aqui na nossa colônia, Ivan?

– Sim, eu a convidei a te conhecer.

– Ela faz o que em Amor e Caridade?

– Ela cuida das crianças que desencarnam vítimas de câncer.

– Deve ser iluminada mesmo para suportar tanta dor.

– O trabalho da Nina é reconhecido por todas as colônias. Ela é sinônimo de amor.

– Um dia eu chego lá.

– É para isso que estamos aqui, Eliana, para evoluir.

– Ivan, eu estou já há algum tempo aqui. Eu já me reconheço como espírito eterno, isso eu já compreendi. Aliás, eu já compreendi muitas coisas nesse tempo que estou aqui.

– Que notícia boa, Eliana.

– Já mudei muitos sentimentos ruins que nutria dentro de mim, mas é complicado saber que o meu querido pai está sofrendo muito com a minha ausência e que a minha querida mãe desistiu de tudo por causa da minha morte e, pior ainda, saber que quem eu tanto amei me empurrou naquele dia.

– Converse com a Nina, eu tenho certeza de que ela vai poder te ajudar.

– Você já me ajudou muito, Ivan. Eu lhe sou grata.

– Eu é que agradeço por ter tido a oportunidade de lhe auxiliar, Eliana.

Enquanto conversam, Eliana e Ivan caminham pela linda colônia.

– Olhe, lá está ela! – diz Ivan sorrindo.

Nina está sentada em um banco de madeira dentro de um lindo jardim de flores amarelas. Ao seu lado, há seis crianças, uma sentada ao lado da outra. Todos sorriem com a história contada pela mentora. Ivan e Eliana se aproximam e se sentam na roda para também ouvir as palavras de Nina, que percebe a chegada do amigo e lhe sorri particularmente.

Nina está feliz e todas as crianças ouvem atentamente os ensinamentos da jovem ruiva de olhos verdes e sardas no rosto.

– Quanto eu era menina, eu gostava muito de me banhar em uma pequena lagoa que existia próxima à minha casa, crianças. E lá eu me sentava e ficava imóvel esperando pelos peixinhos que vinham em minha direção.

– Como eram esses peixes, tia Nina?

– Eles eram coloridos. Cada peixinho tinha uma cor. Eles ficavam me rodeando, esperando pelo pedaço de pão que eu sempre trazia no bolso do meu vestido.

– E você dava o pão a eles, tia Nina?

– Sim, Isabele, eu tirava o pão do bolso e distribuía as pequenas migalhas para todos os peixinhos.

– Por que é que aqui não tem peixinhos, tia Nina?

– Você já mergulhou nos lagos que existem aqui para ver se tem peixinhos, Paulo?

– Não, nós nunca mergulhamos nos lagos que tem aqui para ver se tem peixinhos.

– Pois bem, um dia eu virei aqui para nós mergulharmos e, quem sabe, encontraremos um monte de peixinhos coloridos.

– Será que isso existe, tio Ivan?

– Quem sabe isso é a tia Nina, Isabele.

– Então, tia Nina, nós vamos esperar a senhora vir tomar banho de lago conosco.

– Eu prometo, crianças, que vou vir um dia para tomarmos um bom banho de lago. Agora, a tia Nina tem um assunto para tratar com o tio Ivan e com a tia Eliana. – diz Nina sorrindo.

Todas as crianças se levantam abraçam e beijam Nina antes de irem embora brincar em outro lugar.

Sorrindo, Nina se despede de todos.

– Eles são lindos!

– São mesmo, Nina, e sempre perguntam por você. – diz Ivan emocionado.

– E eu, sempre que posso, passo por aqui para abraçá-los e contar uma pequena história. Crianças são e serão sempre crianças em qualquer lugar. – diz a mentora de luz.

Nina se levanta e abraça Ivan e Eliana.

– Essa é a Eliana, Nina, eu a trouxe para ter uma conversa com você.

– O Daniel me falou sobre ela.

– E como está o meu amigo Daniel?

– Presidindo Amor e Caridade, como sempre trabalhador incansável do amor.

– Ele deve estar bem ocupado.

– Certamente, Ivan. Nossas colônias estão abarrotadas de espíritos, e isso é bom.

– Eu também acho, Nina.

– Os tempos estão se cumprindo, meu amigo.

– Verdade. – diz Ivan.

– Você é muito bonita, Nina!

– Obrigada, Eliana, você também é!

– Obrigada!

– Meninas, eu tenho algumas pendências para resolver. Vou deixá-las por algumas horas, logo reencontro com vocês.

– Sem problemas, Ivan. – diz Eliana.

– Obrigada, Ivan. – diz Nina.

– Eu é que agradeço por você ter vindo até aqui me ajudar com Eliana, Nina.

– É uma honra para mim estar aqui. – diz a jovem mentora.

– Até breve, meninas! – diz Ivan se afastando.

– Ele é o máximo, não é, Nina?

– Sim, Ivan é um espírito amigo, um ser iluminado cheio de amor em seu coração.

– Se me permite, me fale um pouco de você, Nina.

– Eu?

– Sim, quem é você?

– Eu sou um espírito que experimentou muitas vidas e agora dedica-se a receber crianças e orientá-las a seguirem seus destinos na Colônia Amor e Caridade.

– Como assim destinos? Pelo que sei, não há destino.

– Vamos caminhar?

– Sim, se é o que desejas.

– Caminhar nos aproxima dos nossos mais íntimos sentimentos.

– Isso é verdade, Nina!

Nina começa a caminhar lentamente, ao seu lado, Eliana segue ouvindo os ensinamentos da mentora.

– Há, sim, um destino para todos os espíritos, Eliana. Você tem que atingir o objetivo maior. Todos nós temos um destino.

– E qual é meu destino, Nina?

– Tornar-se perfeita. E atingindo a perfeição, agradar ao Criador.

– É, o Ivan conversou comigo muitas vezes sobre isso. Eu não sei se você sabe, mas eu fui assassinada pela minha irmã.

– Eu sei, ele me contou.

– E o pior, ela é minha irmã gêmea.

– Não existe nem pior nem melhor nessa história, Eliana. Quando você qualifica os atos, eles passar a ter valor. Algumas vezes, certos acontecimentos nos são ocultados para evitar nosso sofrimento.

– Como assim, Nina?

– Não qualifique os atos. Eles são parte do processo evolutivo do Ser. Tudo o que nos acontece tem um motivo, simples assim!

– Não entendi.

– Quando você dá importância a isso ou aquilo, isso ou aquilo passa a ser importante. Isso ou aquilo é parte do processo que todos os espíritos precisam passar para tornar-se perfeitos. Portanto, o fato dela ser sua irmã é mera possibilidade dentro do processo que vocês duas precisam enfrentar. Não há acasos, lembra disso?

– Sim, eu tenho certeza disso.

– Você foi convidada a reencarnar ao lado dela, não foi?

– Sim, o Ivan vive me orientando a fazer isso, eu até estou muito propícia a aceitar, na verdade, já até aceitei. Eu só ainda não compreendi por que tenho que encarnar ao lado dela novamente. Não é fácil para mim. Não foi legal o que ela me fez.

– Se você tivesse que qualificar a sua irmã agora, o que você diria dela?

– Um monstro.

– Pronto, você a qualificou como um mostro por ela ter te empurrado na ponte.

– Não só por isso. Ela nunca me amou. Ela sempre me odiou.

– E por qual motivo?

– Inveja, eu acredito.

– Você já regrediu a vidas anteriores para ver se há algum débito pretérito com ela?

– Sim, já fiz a regressão, e nada nos liga ao ódio. Tivemos algumas vidas juntas, mas nada que deixasse marcas para as vidas futuras.

– Você então conhece Matilde de outras vidas?

– Sim.

– Eliana, pelo que eu sei, você precisa perdoá-la pelo que ela fez. Às vezes, quando voltamos a vidas pretéritas, alguns fatos nos são ocultados naquele momento para que tudo se cumpra conforme orientações superiores.

– Será que eu não vi tudo de minhas vidas passadas?

– Como disse, às vezes, alguns fatos nos são ocultados para que tudo se cumpra. Estamos ligados a vários espíritos por séculos, e essa engenharia não é tão fácil de compreender.

– Mas não é fácil, Nina. Não é fácil ser assassinada por sua irmã.

– Eu sei. Eu sei. Eu vou te contar uma história, posso?

– Sim, claro!

– Eu conheci um rapaz em uma das minhas vidas que me amou muito e eu retribui todo o amor que ele tinha por mim. Com o passar do tempo, o amor foi ficando doente. Eu descobri que ele era usuário de drogas. Um belo dia, me sentei com ele para conversar sobre as drogas, para aconselhar o meu amor, daí que, ao final da conversa, ele decidiu me matar.

– Nossa, que horror. E ele conseguiu?

– Sim, ele tirou minha vida.

– E o que você fez?

– Procurei saber quais eram os motivos que ele teve para praticar tal ato.

– E por que foi que ele te matou?

– Primeiro, por vergonha de eu ter descoberto seu segredo. Segundo, por medo de eu contar para os seus pais. Ele era de uma família tradicional e muito rica. O medo de perder todas as regalias que ele tinha superaram o amor que sentia por mim. Na verdade, eu descobri naquele dia que ele não me amava como sempre dizia. Assim, ele me assassinou. Foi certamente um ato impensado dele, um momento, só isso.

– Mas ele pagou por isso?

– Como assim, pagou por isso?

– Ele foi preso ou coisa assim?

– Eliana, ele era de uma família tradicional e rica. Para não ver seus nomes manchados, eles pagaram a liberdade do menino e o mandaram para outro país.

– E você? O que fez?

– Eu?

– Sim.

– Eu o perdoei.

– Como assim você o perdoou?

– Eu o amava, Eliana.

– Como assim "eu o amava"?

– O amor tem por obrigação perdoar. Quando você ama verdadeiramente, você perdoa.

– Mas ele te matou!

– Não, ele não me matou, ele me tirou uma das vidas que tive e posso ter. Uma vida, somente isso.

– Desculpa, Nina.

– Desculpa por quê?

– Eu sou muito burra e egoísta. É claro que temos que perdoar, o que é uma vida para nós, espíritos eternos? O que é uma vida para quem tem milhares de vidas pela frente?

– Você está começando a me entender, Eliana.

– Eu já entendi tudo, Nina, sinto vergonha de mim mesma.

– A prova pode ser mais difícil do que imaginamos, Eliana.

– Como assim?

– Você precisa perdoar Matilde.

– Depois dessa conversa, pode ter certeza, minha amiga, se é que posso te chamar assim, eu perdoo a minha irmã.

– Deixe-me te contar outra história.

– Ai, meu Deus, o que tem mais, Nina?

– Quando ele tirou a minha vida, eu não sofri, pois ao chegar na vida espiritual, eu percebi o quanto já tinha evoluído, assim, ficou fácil perdoá-lo. Mas deixamos pessoas sofrendo.

– Sim, é meu caso, eu perdoo agora a minha irmã, mas não perdoo o que ela fez aos meus pais.

– Você precisa ensinar Matilde a amar.

– Como assim?

– É através do amor que curamos as feridas.

– Mas como, Nina?

– Você precisa reencarnar ao lado dela e ensiná-la a amar.

– O que isso vai mudar na vida dela?

– Siga o meu conselho, se você perdoa a sua irmã, encarne ao lado dela e lhe ensine o amor.

– Nina, eu nem sei por onde anda a minha irmã. Nunca mais quis saber dela.

– Converse com o Ivan, diga-lhe do perdão que acabas de conceder e peça a oportunidade evolutiva, peça para ensinar à Matilde o significado do amor.

– Obrigada, Nina. Eu vou fazer isso.

– Obrigada por quê?

– Sinto um alívio dentro de mim. É como se eu tivesse arrancado algo muito pesado do meu peito. Sinto-me leve, sinto-me feliz por ter compreendido e perdoado a minha irmã. Eu vou seguir o seu conselho, minha amiga. Eu vou reencarnar e perdoar Matilde.

Nina sorri e abraça Eliana. Após mais um tempo caminhando abraçadas, elas se despedem.

Nina volta para Amor e Caridade.

Eliana corre para falar com Ivan.

“O perdão alivia a alma, enobrece o espírito
e alegra o coração.”

Osmar Barbosa

De volta à vida

Eliana procura Ivan em seu gabinete.

– Oi, Ivan.

– Olá, Eliana.

– Como está a programação para minha encarnação?

– Nossos amigos estão ao lado da sua irmã, muito em breve, ela ficará grávida.

– Não vejo a hora de reencarnar.

– Está ansiosa?

– Muito.

– Que bom, espero que vocês consigam o perdão.

– Eu já perdoei, agora só depende dela.

– Você sabe que terá que enfrentar duras provas para atingir seu objetivo.

– Estou preparada para o que der e vier, Ivan.

– Sinto-me feliz em te ver assim, Eliana.

– Assim como?

– Radiante e esperançosa. Você já está consciente de tudo o que tens que passar?

– Sim, mas se você quiser me explicar novamente, eu vou ficar ainda mais segura.

– Então vamos lá: Como todos sabem, você será ligada a matéria no instante da concepção, ou seja, na fecundação do óvulo pelo espermatozoide. Isso é muito importante para todos saberem, porque é o momento mais importante no processo reencarnatório.

– A partir desse momento e ao longo de toda a gestação, o feto fica sob influências físicas, mentais e espirituais da sua genitora e do meio ambiente. O seu perispírito irá passar por algumas modificações antes de reencarnar, porque ele precisa adaptar-se à crosta terrestre, devido à força gravitacional.

– Nossa!

– Não é por acaso que o feto fica mergulhado no líquido amniótico, que possibilita essa adequação entre a força gravitacional do mundo espiritual e a do mundo terreno. Como sabes, haverá a redução volumétrica do perispírito, ele precisa passar por um processo de miniaturização, mas fique tranquila, você vai permanecer com todas as suas características e seus registros de vidas passadas, embora não vá se lembrar de muita coisa.

– Isso me assusta um pouco, mas estou preparada para tudo.

– Essa redução tem papel importante na facilitação das tarefas que você escolheu na nova encarnação, você sabe disso! Além, é claro, de propiciar a integração ao novo corpo biológico, isso determina a perda da consciência progressiva com a importante consequência do esquecimento do passado, imprescindível para você vencer as provas necessárias à sua evolução.

– É importante saber, Eliana, que o bebê que faz pulsar o coração no útero da mãe não pode mais ser visto como um simples aglomerado de células e moléculas, tampouco como uma alma recém criada e sem passado. Seu passado é a parte mais importante da sua encarnação.

– Eu sei disso tudo, Ivan.

– Sendo assim, minha querida Eliana, tenha uma proveitosa encarnação ao lado de Matilde. Ensine a ela o amor e perdoe sempre.

– Esse é meu intuito, meu querido Ivan.

– Agora vá para o prédio da reencarnação e boa sorte. Você será orientada e receberá as últimas informações necessárias à nova vida.

– Eu posso te abraçar, Ivan?

– Claro que sim, minha querida!

Eliana se levanta e abraça Ivan calorosamente, despedindo-se do mentor espiritual.

– Até breve, meu amigo.

– Até breve, Eliana, boa encarnação para você.

– Eu posso fazer mais um pedido?

– Sim, claro que sim!

– Eu posso me chamar Eliana novamente?

– Você pode escolher o nome que quiser. Mas por que Eliana novamente?

– Eu gosto muito desse nome.

– Que seja Eliana então a sua próxima vida. Está tudo acertado, não é? Vamos intuir seus pais a lhe darem esse nome, tá bom?

– Sim, tenho plena consciência das provas que terei que enfrentar nessa etapa que se inicia, e quer saber?

– Sim.

– Estou bem otimista.

– Tens consciência das dificuldades que irá enfrentar?

– O pessoal da conscientização já me alertou para as provas. Eu sei que elas são necessárias e construtivas, por isso, estou pronta para encarar esse desafio. Eu vou viver novamente e perdoar a minha irmã.

– Engana-se aquele que acha que a encarnação é mero acaso, não é, Eliana?

– Sim, na verdade, se olharmos para dentro de nós, seremos capazes de lembrar de algumas coisas.

– É verdade, o ser encarnado é um viajante, e sendo assim, ele tem passado.

– Pois é, e ainda existem pessoas que não acreditam nisso.

– Eu desejo sinceramente que você tenha uma linda encarnação ao lado da sua irmã, que você consiga perdoá-la, e que o amor seja a base dessa relação. Assim, vocês juntas apagarão o passado e construirão um lindo futuro.

– Obrigada mais uma vez, Ivan.

– Estarei aqui te esperando quando tudo terminar, querida Eliana.

– Ivan, quanto tempo dura essa regressão, se assim posso chamar?

– A preparação para o encarne?

– Sim.

– Mais ou menos o tempo da gestação.

– Em que estado me encontrarei?

– Você não foi instruída sobre isso?

– Fui, mas estou confusa. E confio muito em tudo o que você me ensina.

– Eliana, você vai dormir e quando acordar vai estar encarnada. É isso!

– Perdoe-me pelas dúvidas, Ivan.

– Não são dúvidas, é a insegurança, o medo do desconhecido.

– É isso mesmo, meu amigo.

– Isso também se dará quando você estiver encarnada.

– Eu me lembro muito bem do medo que tinha da morte. O medo da ponte.

– E ela aconteceu?

– Quem?

– A morte.

– Não, quando minha irmã me empurrou, eu dormi e acordei aqui ao lado de vocês.

– Agora é o inverso, você dormirá e irá acordar ao lado da sua mãe.

– Irmã, você quer dizer.

– Você não vai se lembrar disso.

– Disso o que?

– Que ela é sua irmã.

– Sim, eu sei disso.

– Portanto, ame-a como deve ser!

– Pode deixar. Estou confiante que vai dar tudo certo!

– Agora vá, o pessoal está te esperando.

– Posso te abraçar novamente?

– Sim, Eliana, claro que sim.

Ivan e Eliana ficam abraçados por alguns minutos.

Ela vai feliz para o prédio da reencarnação.

O grande instrutor cumpriu sua missão.

"
A vida que escolhemos nos prepara para a eterna felicidade.
"
Osmar Barbosa

O encarne

São Paulo.

– Ei, amiga, você não vai acordar?

– Que horas são?

– Onze horas.

– Caramba, dormi isso tudo?

– Você está muito preguiçosa para uma dama.

– Ontem foi demais.

– Onde vocês foram?

– Fomos para o clube.

– Nossa, chique, hein!

– Ele me pagou as melhores bebidas, e no final, adivinha o que comemos?

– Lagosta grelhada!

– Não, querida, nada disso. Ele me pagou trufas brancas e de sobremesa, um delicioso Panna Cotta.

– Você trocaria essa vida por alguma coisa na vida, Matilde?

– Você está louca. Meu amor, eu sou amada, ganho muito bem pelo que faço, como bem e, no final, estou sempre livre. Não quero compromisso com ninguém. Eu quero continuar assim por muito tempo.

– Depois vocês saíram para namorar? Ele te levou para o apartamento dele?

– Ontem?

– Sim.

– Fomos, sim. É muito luxo, né?

– Uau!

– Mas não quero saber de compromisso. Eu estou juntando dinheiro, vou comprar meu terceiro apartamento.

– Você sabe se ele é casado?

– Eu desconfio.

– Vocês não conversam sobre isso?

– O Humberto diz que largou a mulher dele, mas eu não acredito. E quer saber? Não vou ficar mesmo com ele. Então não importa. Até gosto dele. Ele é um cara legal!

– Venha, vamos tomar café na cobertura.

– Estou com muita preguiça.

– Deixa de ser preguiçosa, eu já preparei o café da manhã, está tudo lá em cima nos esperando.

– Se é assim, já não está mais aqui a preguiçosa.

Matilde se levanta.

Loira de olhos azuis, cabelos bem cuidados, unhas vermelhas, pele bronzeada, o sonho de todos os homens. Ela tem vinte e seis anos.

Isabel é sua amiga. Naquela noite, havia dormido na cobertura no bairro dos jardins, onde Matilde mora há aproximadamente três anos.

O imóvel, muito bem localizado, foi comprado com as economias feitas por Matilde durante alguns anos de trabalho como arquiteta em uma das maiores construtoras de São Paulo.

– Venha, Isabel, vamos tomar café. – diz Matilde após escovar os dentes e colocar um roupão sobre a minúscula roupa de dormir.

– Amiga, você está cada dia mais linda.

– Obrigada! – diz Matilde.

– É por isso que os homens ficam loucos com você.

– Sou gaúcha, tchê!

– Quem me dera ter a sua beleza.

– Você também é linda, Isabel.

– Mas não chego aos seus pés.

– Bobagens, amiga. E o que você fez ontem?

– Não sai de casa, ninguém me ligou.

– Hoje vai ser melhor.

– Estou precisando. Tenho poucos amigos, como sabes.

– Por que você não liga para o pessoal da faculdade?

– Não quero saber daquela gente.

– Por isso vive sozinha.

– É meu jeito de ser, Matilde, você me conhece.

– Você tem que ser mais aberta, Isabel.

– Estou tentando.

Isabel e Matilde chegam à parte superior da cobertura. A vista é perfeita, vasos de plantas enfeitam o lugar. Um lindo jardim suspenso decora as paredes laterais da cobertura que tem ainda uma piscina e uma jacuzzi, um spa quadrado.

O dia é de sol na cidade da garoa.

Isabel e Matilde se sentam e começam a comer.

– Está bom o café?

– Sim, está ótimo.

– Pedi na padaria.

– Que bom!

– Deixe-me te dizer uma coisa. Ontem, eu fiquei aqui esperando algum telefonema, o que não aconteceu. Eu tenho saído com o Roberto, mas me parece que ele não quer nada sério comigo.

– E por que você quer algo sério? Você só tem vinte e cinco anos, Isabel.

– É mesmo, né. Eu deveria ser menos preocupada com isso.

– Vamos curtir a vida, amiga, na hora certa, aparecerá o marido certo para você.

– E você não pensa em se casar?

– Deus me livre. Eu nunca precisei de homem algum para nada.

– É verdade, você é uma mulher muito bem sucedida.

– Trabalho, Isabel, trabalho.

– Deixa eu te dizer uma coisa. Ontem à noite, ligou uma mulher para cá te procurando. O nome dela é Irma, ela disse que é sua tia e pediu para eu te dar o seguinte recado:

– Diga, amiga, o que a chata da minha tia quer comigo?

– Ela disse que seu pai está muito doente e que, se você puder, ligue para ela.

– Ah tá, depois eu ligo. Minha tia parece um encosto daqueles.

Risos.

– Você tem pais?

– Isabel, eu não gosto de falar muito sobre a minha família.

– Eu sei, desculpe-me, Matilde, pensei que, de repente, você gostaria de falar sobre isso.

– Esquece, não gosto do meu passado. E muito menos de falar dele. Quando você estiver na minha casa, não atenda ao telefone, por favor.

– Pode deixar, Matilde, não atenderei mais. Desculpe! Então vamos falar de coisas boas!

– Assim é que gosto de você, Isabel.

– Vamos ao shopping mais tarde?

– Vamos almoçar no shopping, o que achas?

– Ótimo! Então não vamos nos empanturrar com o café, né?

– Sim, já comi o suficiente, vou até o cabeleireiro e podemos aproveitar e dar uma volta no shopping onde fica o meu cabeleireiro, o que achas?

– Eu posso ir com você?

– Ir onde?

– Ao cabeleireiro.

– Sim, vamos então ao cabeleireiro e aproveitamos o shopping. Assim, economizo no engarrafamento. São Paulo é assim, né, querida?

– E como...

Matilde torce a cara como se estivesse sentindo muita dor.

Assustada, Isabel pergunta:

– O que foi, que cara é essa?

– Estou enjoada. Acho que esse café não desceu bem.

– Será que foi alguma coisa que você comeu?

– Nossa, estou muito enjoada, vou ao banheiro.

Matilde corre até o banheiro da cobertura e vomita.

Isabel segue atrás de Matilde, ouve a amiga passando mal e se preocupa.

Após alguns minutos, Matilde retorna à cobertura.

– Você está bem?

– Sim, melhorei.

– Será que veio algo ruim da padaria?

– Eu não comi nada, só tomei um gole de café, deve ser algo que comi ontem.

– Está tudo bem mesmo, Matilde?

– Sim, estou melhor.

– Você está pálida.

– Eu vou melhorar. Me faça um favor.

– Sim.

– Pega para mim o telefone sem fio, vou fazer uma ligação.

– É pra já. – diz Isabel se levantando e se dirigindo à sala no andar inferior para pegar o aparelho de telefone.

Isabel volta correndo trazendo o aparelho nas mãos.

– Obrigada, Isabel.

O interfone da luxuosa cobertura começa a tocar.

– Atende lá para mim, por favor, Isabel.

– Pode deixar. – diz a jovem correndo.

– Deve ser a empregada, manda ela subir.

– Está bem!

Matilde liga para o seu médico.

– Alô.

– É do consultório do Romulo?

– Sim.

– Eu posso falar com ele?

– Quem deseja?

– Diga a ele que é a Matilde, por favor.

– Aguarde um momento.

Após alguns segundos.

– Matilde, minha linda, como tens passado?

– Mais ou menos, Romulo. E você?

– Muito bem, mas saudoso. Saudades dessa sua boca.

– Não podemos mais misturar as coisas, você agora é meu médico e ex-namorado.

– Está bem, Matilde. A que devo a honra do telefonema?

– Eu acho que estou grávida novamente.

– Tens que vir até aqui para eu examinar. O que você está sentindo?

– Eu estou muito enjoada já há alguns dias.

– Como assim?

– Meus seios estão doloridos há alguns dias, e desde ontem sinto vontade de vomitar. Sinto-me cansada e preguiçosa. Estou muito enjoada. Acabei de vomitar. Tudo me faz mal.

– Mas você vomitou somente hoje ou em alguns outros dias?

– Ontem, no banheiro, escondido do meu acompanhante. E hoje após o café.

– Você menstruou esse mês?

– Para ser bem sincera, desceu algumas gotinhas na semana passada e parou rapidamente. Você sabe como é a minha menstruação, né?

– Eu sei. Tenho horário hoje às quatro da tarde, pode ser?

– Sim, eu vou ao cabeleireiro e depois almoçar no shopping.

– Então eu vou marcar você às 16h.

– Está bem, eu passo aí.

– Combinado, Matilde.

– Obrigada, Romulo.

– Te espero aqui, abraços!

– Beijocas.

Isabel volta confirmando que Lorena, a empregada, está subindo.

– É a Lorena mesmo quem chegou, Isabel?

– Sim, é ela.

– Isabel, eu vou me deitar mais um pouco, não estou me sentindo muito bem.

– Vá sim, amiga, eu vou ficar aqui orientando a Lorena, se você me permite.

– Peça a Lorena para não usar o aspirador de pó. Daqui a pouco iremos sair, daí ela pode aspirar o apartamento. Não quero ser incomodada com nenhum barulho.

– Eu falo com ela, vai deitar.

– Vou sim, estou muito enjoada.

– Descanse, minha amiga!

"
Deus nos dá as oportunidades necessárias
ao nosso aperfeiçoamento.
"
Osmar Barbosa

Ivan

Ivan dirige o setor de reencarnação da colônia da Redenção. É ele quem acolhe e convence muitos espíritos a reencarnar para os ajustes necessários à evolução pessoal. Ele é auxiliado por vários mentores e médicos que trabalham na organização daqueles que decidem pela reencarnação e preparam os espíritos, organizando todo o processo reencarnatório. Seu setor é um dos principais em Redenção.

Ivan está em seu gabinete e é procurado por Luzia e André, dois auxiliares de seu imenso plantel de mentores que o auxilia.

– Ivan, temos um problema.

– O que houve, Luzia? Sente-se. – convida o mentor.

– Matilde está muito próxima de descobrir a gravidez e temos a impressão de que ela vai desistir mais uma vez.

– Vocês fizeram todo o trabalho antes. André, vocês a prepararam?

– Sim, estamos há mais de seis meses ao lado dela preparando-a para receber a irmã. Mas, como sabes, essa é a terceira vez que ela irá engravidar. Nas duas anteriores, ela fez o aborto. Você conhece Matilde, ela é de uma soberba incomparável.

– Eu sei disso tudo, mas se vocês a estão preparando há seis meses, por que estão tão inseguros?

– Matilde é uma mulher fria, de pouca fé. Temos trabalhado seus sentimentos e não estamos seguros se é a hora certa para o reencarne de Eliana.

– Mas temos que continuar ao lado dela insistindo para que aceite a gravidez, só assim atingiremos o nosso objetivo. Aliás, o objetivo de sua irmã, que está segura em encarnar ao lado dela.

– Sabemos disso, Ivan, mas estamos inseguros. Ela leva uma vida muito boa e isso tem atrapalhado bastante o nosso trabalho. Ela, depois que foi morar com Irma, nunca mais soube o que é sofrimento. Estou insegura.

– Não fique, Luzia, vamos confiar na providência divina, tudo vai dar certo. Façam o seguinte: fiquem ao lado dela intuindo-a a ter o bebê. Eu vou me reunir com alguns amigos e ver no que poderemos ajudar.

– Você permite que fiquemos ao lado dela até que tudo se cumpra?

– Sim, vocês estão autorizados a fazer isso. Fiquem lá.

– Assim fica mais fácil, Ivan. – diz André.

– Façam isso, fiquem ao lado dela o tempo necessário para que tudo se cumpra.

– Estamos indo. – diz Luzia se levantando.

Após cumprimentarem Ivan, Luzia e André chegam à casa de Matilde.

Isabel está sentada na parte superior da cobertura admirando a paisagem enquanto Lorena limpa os móveis após colocar todas as roupas para lavar.

Luzia e André se dirigem ao quarto onde Matilde dorme.

– Ela está dormindo. – diz André.

– Vamos nos sentar aqui e esperar que ela acorde. – diz Luzia.

– Eu vou aproveitar para dar um bom passe nela, quem sabe ela fica mais calma e isso a auxilie na decisão.

– Você ainda tem dúvidas de que ela terá essa menina, André? O Ivan está confiante.

– Não sei, estou inseguro, afinal, precisamos que tudo se cumpra.

– Vai dar tudo certo, André, estamos há mais de seis meses preparando Matilde para a maternidade e temos a luminosidade necessária para que ela não desista. Agora, recebemos a autorização de não mais nos afastarmos dela.

– Confiemos no altíssimo como nos pediu o Ivan. Venha, Luzia, me auxilie no passe, se ela ficar passando muito mal, ela vai desistir.

– Ela é muito vaidosa mesmo, André. Não é fácil o nosso trabalho, mas vamos conseguir. – diz Luzia confiante.

– Pois bem, precisamos que ela não desista.

Luzia se levanta e auxilia André no passe fluídico que ambos aplicam em Matilde, que dorme sem perceber os espíritos iluminados em seu quarto. Todo o ambiente se enche de luz.

– Olhe, André, ela está se desprendendo. Vamos aproveitar para levá-la à colônia para que tenha compreensão da vida após a vida?

– Vamos. Excelente ideia, Luzia.

André se aproxima de Matilde, que desdobra e é levada por ele e Luzia para a colônia da Redenção.

Sem entender muito bem o que está acontecendo, Matilde abre os olhos e se encanta com a linda paisagem da colônia.

Maravilhada, ela se senta no extenso gramado e começa a mexer em pequenas flores que brotam entre a grama verde do lindo lugar.

O sol alaranjado ao horizonte ilumina a todos que estão sentados assim como Matilde, descansando ao entardecer.

Encantada, Matilde olha para todos aqueles espíritos sem entender muito bem o que está acontecendo com ela.

Seu peito se enche de alegria. André se aproxima e se senta ao seu lado.

Matilde não percebe a presença do mentor.

Luzia senta-se um pouco mais distante.

– Você está vendo como é tudo por aqui, Matilde?

– Quem é você?

– Um amigo.

– Eu não te conheço.

– Um dia, você vai se lembrar de mim.

– Esse lugar é muito lindo.

– É aqui que todos se encontram.

– Como assim?

– Aqui é uma cidade espiritual.

– O céu?

– Sim!

– Será que eu morri?

– Não, você está sonhando, não lembra? Você se deitou para descansar, pois está enjoada.

– Eu acho que estou grávida.

– Que bom! Ser mãe agrada a Deus.

– Eu não posso ter filhos.

– Por que não?

– Minha profissão.

– Um filho não vai mudar muito sua vida, Matilde.

– Vai sim, eu tenho medo dos meus seios ficarem caídos, sabe como é, homens são exigentes.

– Eu não sou.

– Talvez porque você seja um anjo.

– Você acha que eu sou um anjo?

– Acho, você tem cara de anjo.

– Anjo tem cara?

– Sim, anjos são bonitos assim como você. E esse lugar parece o céu, que é onde os anjos vivem.

– Eu gostaria de falar mais sobre seu filho.

– Que filho? Eu não tenho filho.

– Se tivesse, de qual sexo você gostaria que fosse?

– Eu gostaria muito se fosse um menino.

– E se fosse uma menina?

– Você perguntou a minha preferência.

– Sim, mas se fosse uma menina?

– Eu gostaria que fosse um menino. E além do mais, eu não estou grávida, estou desconfiada.

– E se estiver?

– Não é o momento para ser mãe.

– Existe momento certo para ser mãe?

– Sim, eu não posso ser mãe agora, tenho que juntar mais patrimônio e muito dinheiro ainda.

– Mas você já tem dois apartamentos.

– Mas quero e preciso ter muito mais do que isso.

Matilde olha para o horizonte. Um silêncio profundo atinge ela e André. Ambos ficam calados olhando para o pôr do sol.

Luzia volta ao apartamento, se coloca de pé ao lado da cama e estende suas mãos em direção à cabeça de Matilde, que está ao lado de André na colônia. Seu corpo está preso por um fino cordão fluídico que a mantém ligada à encarnação.

Luzia enche o ambiente de fluidos para que Matilde não desperte do sono.

Após algum tempo, André retoma a conversa.

– Você se lembra de Eliana?

Matilde dá um salto e quase acorda.

Luzia mantém as energias no quarto para que ela não acorde.

– Eu tenho saudades da minha irmã. Gostaria muito de sonhar com ela. Eu gostaria de pedir perdão pelo que fiz.

– Ela está bem, Matilde.

– E onde é que ela está?

– Em lugar muito parecido com esse.

– Tenho saudades dela. Você a conhece?

– Ela esteve por aqui. – diz André.

– E onde ela está agora?

– Em outro lugar. Ela está sendo preparada para recomeçar.

– Recomeçar?

– Sim, todos podemos recomeçar.

– Sinto falta dela.

Isabel entra no quarto e se dirige à cama para acordar Matilde.

– Matilde, Matilde.

Luzia se afasta.

– O que houve!? – diz Matilde acordando assustada.

– Está na hora de irmos para o shopping. Acorda!

– Menina, eu estava sonhando um sonho tão legal.

– Você melhorou?

– Sim, me sinto bem agora. – diz Matilde se sentando a cama ainda perturbada com o sonho.

– Vamos sair, estou morrendo de fome.

– Vou tomar um bom banho, me arrumo e vamos.

Matilde se levanta vai até o *closet* de sua luxuosa cobertura para trocar-se.

Seus pensamentos se perdem com as informações que o André lhe deu. Ela se lembra de Eliana e seus olhos se enchem de lágrimas de arrependimento por tudo o que fez. Essa é a única coisa que tira o sossego de Matilde... o seu passado, e as lembranças.

Após alguns minutos e após o banho, Matilde se senta no banheiro e chora arrependida de tudo o que fez.

André chega ao ambiente.

– Quase conseguimos, André. – diz Luzia.– Pois se não fosse essa amiga acordando-a, poderíamos ter conseguido conscientizá-la sobre a responsabilidade de ser mãe. Esse tal de livre-arbítrio nos atrapalha demais, André.

– Essa é a Lei Divina, que devemos respeitar. Vamos seguir com o nosso trabalho. Com fé e determinação, iremos conseguir.

– Vamos esperar outra oportunidade, né, André?

– Vamos, sim, Luzia, haverá novas oportunidades.

– Vamos acompanhá-la até o médico?

– Sim, vamos. – diz André.

Matilde se arruma, e após passar as orientações a Lorena, entra em seu luxuoso veículo e se dirige ao shopping para ir ao cabeleireiro, almoçar e ir ao médico.

Matilde estaciona seu carro e segue para o salão de cabeleireiro no piso de número três do luxuoso shopping.

– Bom dia, Matilde!

– Bom dia, Rogério.

– O que vai querer hoje, querida? – diz o jovem acariciando o lindo cabelo de Matilde.

– O de sempre, preciso me preparar, afinal, hoje é sexta-feira e vamos ter movimento, quero sair e me divertir.

– Então senta ali. – diz o rapaz apontando para uma cadeira confortável do salão. – E a sua amiga, não vai cuidar das mechas?

– Pode fazer o cabelo dela que eu pago.

– Senta ali, querida. – diz Rogério indicando outra cadeira para Isabel.

– Não use nenhum produto que tenha cheiro forte, por favor, Rogério.

– O que houve, você sempre quer o melhor!

– É que estou com pressa, tenho que ir ao médico quando sair daqui.

– Pode deixar, não vou usar nada com cheiro, eu tenho um produto aqui que não tem cheiro e que uso em gestantes.

Algo incomoda Matilde. A palavra "gestante" não lhe soa bem aos ouvidos.

– Mas me conta, você está bem?

– Sim, trabalhando muito, como sempre.

– Que bom, Matilde, você está cada dia mais linda.

– Obrigada, Rogério.

– A sua tia esteve aqui na semana passada.

– Irma?

– Sim.

– E ela falou muito sobre mim?

– Não, só disse que sente muitas saudades suas.

– Não tenho tido muito tempo de ver a minha tia.

– Foi exatamente isso que ela reclamou. Disse que você não vai à casa dela há mais de três meses.

– Tenho trabalhado muito.

– Tira uma horazinha para ver sua tia! Ela é super gente boa e morre de saudades de você.

– Estou pensando em visitá-la na próxima semana.

– Faz isso, amiga, ela te ama muito.

– Ela disse mais alguma coisa?

– Não, disse só isso.

– É, eu vou lá na semana que vem.

– Eu posso te perguntar uma outra coisa?

– Sim, Rogério.

– Por que é que a sua tia não teve filhos? É que percebo uma certa tristeza no olhar dela quando fala de você.

– A minha tia adiou muito tempo para ter filhos, daí perdeu as oportunidades que a vida lhe ofereceu. Gastou uma verdadeira fortuna tentando engravidar, mas depois que eu fui morar com ela, ela meio que desistiu de ser mãe.

– Ela é sua mãe na verdade, né?

– Eu fui morar com ela quando eu tinha doze anos, e nossa ligação é como de mãe e filha realmente, mas eu tenho mãe e pai também.

– E onde eles vivem?

– Em uma pequena cidade no interior do Rio Grande do Sul.

– Você os visita?

– A última vez que estive lá eu tinha apenas quinze anos, e nunca mais quis ir.

– Por que?

– Não sei explicar.

As lembranças da infância e da morte de Eliana são vivas na mente de Matilde.

– Esse assunto te incomoda?

– Não gosto muito de falar da minha infância.

– Já não está mais aqui quem começou esse assunto. – diz Rogério.

– Não tem problema. Falta muito para terminar o meu cabelo?

– Mais dez minutinhos e você estará como sempre... linda!

– Obrigada, Rogério, suas mãos são o que me deixa assim.

– Obrigado, Matilde.

Após terminarem o cabelo Matilde e Isabel, seguem para um restaurante para almoçarem.

– Vamos nos sentar ali, amiga.

– Sim, vamos. – diz Isabel.

O garçom se aproxima trazendo o cardápio do dia. Após olharem atentamente as opções, o garçom volta novamente à mesa após um sinal de Isabel.

– Então, senhoras, o que vão querer, já escolheram?

– Eu vou querer o prato do dia. – diz Isabel.

– E a senhora?

– Quero apenas uma salada e uma água mineral sem gás.

– Ok, vou providenciar. – diz o jovem rapaz.

– Você só vai comer uma salada?

– Continuo enjoada.

– Eu acho que você está grávida, amiga.

– Estamos indo ao médico ver isso.

– E se você estiver grávida realmente, o que vai fazer?

– Não quero pensar nisso agora. Vamos esperar pela opinião do médico.

– Uma gravidez nessa hora seria um desastre, minha amiga.

– Pois é. Não quero pensar nisso agora.

As refeições são trazidas e Matilde não consegue comer, se sente enjoada.

– Você não vai comer?

– Estou muito enjoada, Isabel.

– É melhor irmos logo para o médico, você realmente não está bem.

– Que horas são?

– Duas e meia.

– Termina logo de comer e vamos para o encontro com o Dr. Romulo, Isabel.

– Já estou terminando.

Após o almoço, elas se dirigem ao consultório de Romulo.

"

Ouça sempre o seu coração, é nele que está a Lei Maior.

"

Osmar Barbosa

A difícil decisão

Matilde e Isabel finalmente chegam ao consultório de Romulo.

– Boa tarde, Matilde.

– Oi, Sandra. O Romulo está?

– Sim, está atendendo. – diz a secretária da pequena e luxuosa clínica.

– Ele vai demorar?

– Não, ele já vai lhe atender.

– Obrigada!

– Sente-se. Quer água, café, alguma coisa?

– Um pouco de água, por favor.

– E a senhora vai querer algo?

– Não, obrigada! – diz Isabel.

Sandra deixa Matilde e Isabel, na pequena antessala de atendimento e se dirige à cozinha da clínica.

– Chique isso aqui, hein, amiga?

– Sim, Romulo é bem famoso.

– Você conhece ele há bastante tempo?

– Uns três anos, acho!

– Ele é bonitão?

– Você vai ver, Isabel. Agora, me deixa calada aqui, ainda estou muito enjoada.

– Sem problemas, amiga.

Sandra volta a sala trazendo água para Matilde.

– Obrigada, Sandra.

– De nada, Matilde.

– Ele vai demorar a me atender?

– Não, ele já está terminando. Está tudo bem?

– Sim, mas diga que cheguei, por favor.

– Vou avisar, pode deixar.

Sandra entra no consultório onde Romulo atende e avisa que Matilde acabara de chegar. E ao retornar...

– Já falei com ele, Matilde, ele pediu para você esperar que já vai lhe atender.

– Obrigada, Sandra.

Após alguns minutos, Romulo chega à recepção acompanhado da paciente que atendia.

Ele se despede educadamente da paciente anterior e convida Matilde a entrar.

– Venha, Matilde, eu vou lhe atender agora.

– Boa tarde, minha jovem!

– Boa tarde, doutor. – diz Isabel impressionada com a beleza de Romulo.

Matilde e Romulo estão sozinhos no consultório.

– Sente-se, Matilde, e me conte o que está acontecendo.

– Então, Romulo, eu acho que estou grávida novamente.

– Já é a terceira vez que isso acontece, você deveria pensar muito bem antes de tomar qualquer atitude.

– Como assim, doutor?

– Das duas outras vezes, você fez o aborto. Daqui a pouco, você vai querer ser mãe e não vai mais conseguir.

– Está longe de meus planos ter um filho, Romulo.

– Conheço algumas mães que conseguem conciliar as duas coisas perfeitamente, Matilde.

– Ainda sou jovem. Vou ter tempo para ser mãe. Não quero pensar nisso nesse momento.

– Eu vou tirar seu sangue para fazer o exame e confirmar a gravidez.

– Tudo bem!

Romulo chama sua enfermeira pelo telefone interno da clínica.

– Elizabeth, prepare a paciente para exame e colha seu sangue, preciso de um teste de gravidez também. Dê a ela aquele remédio para se acalmar.

– Pois não, doutor. Venha, senhora, por favor.

– Eu te encontro lá dentro, Matilde.

– Obrigada, Romulo.

Após todos os exames, Matilde aguarda que Romulo volte a sua sala para dar os resultados a ela.

Luzia e André, os amigos espirituais, estão ao seu lado.

– É agora, André, que ela vai saber?

– Sim, Luzia. Vamos emanar energias positivas para que ela receba com amor essa notícia.

Luzia e André estendem suas mãos sobre Matilde e todo o ambiente se ilumina.

Passados alguns minutos, finalmente Romulo adentra a sala.

Matilde tem as mãos suadas, ela está ofegante e nervosa.

– Você está bem, Matilde? Está pálida.

– Estou nervosa, só isso.

– Pois não fique. Os exames mostram exatamente o que você suspeitava. Você está grávida.

– Você me deu algum remédio para dormir? Pois eu apaguei lá na maca.

– Sim, achei melhor realizar o procedimento com você dormindo. Você está muito abalada com tudo isso, eu posso perceber. Se você se decidir por ter a criança, eu vou te indicar uma amiga pediatra, a melhor de São Paulo. Você vai precisar de acompanhamento. Como sabes, eu não faço abortos, sou totalmente contra e nem quero saber quem é que você procura para esses procedimentos. Só tenha muito cuidado, você já não é mais uma menina. Se precisar de mais alguma coisa, estou aqui!

– Que horas são, Romulo?

– Seis e meia.

– Meu Deus! Eu passei todo esse tempo aqui?

– Sim, deixei você dormir um pouco para descansar. Se sente melhor agora? Tome, beba esse copo de água.

Trêmula, Matilde pega o copo com água das mãos do médico e bebe lentamente.

– Se sente melhor?

– Sim, Romulo, obrigada. O que faço agora?

– Vá para casa, eu vou te passar um remédio para o enjoo. Reflita sobre a sua vida, você é uma mulher muito bem relacionada, rica, bem sucedida, não precisa colocar sua fertilidade em risco, e muito menos perder essa oportunidade de ser mãe.

– Eu não sei o que fazer, Romulo, estou muito confusa.

– Siga o meu conselho, vá para casa, descanse, converse consigo mesma. Deus vai te guiar nessa decisão, tenha fé!

– Que papo é esse de Deus?

– Eu me tornei espírita Matilde, e te aconselho a não realizar o aborto.

André emana energias sobre Romulo, que, intuído, fala com Matilde sobre a criança.

– Eu te agradeço, amigo, vou seguir seu conselho, vou para casa descansar. Obrigada mais uma vez!

– De nada, qualquer coisa, me liga.

– Está bem, Romulo.

Matilde deixa a sala e se encontra com Isabel na recepção.

– Vamos, Isabel.

– Poxa, você demorou.

– Vamos, Isabel.

Após entrarem no carro, Isabel percebe que Matilde está pensativa, pois quase não fala durante o trajeto para casa.

– Está tudo bem, amiga?

– Sim, só estou cansada.

– E a gravidez, confirmou?

– Ele suspeita, mas não temos certeza ainda. Vou fazer outro exame na semana que vem.

– Ué, você ficou todo esse tempo lá dentro e não sabe o resultado?

– Não quero falar sobre isso, Isabel, você não percebeu?

– O melhor que você faz é ir mesmo para casa para descansar.

– É isso que pretendo fazer.

Assim, em silêncio, Matilde e Isabel chegam à luxuosa cobertura.

– Olha, a Lorena não terminou a limpeza. – diz Matilde.

– Estranho, ela sempre deixa tudo limpinho. Será que

aconteceu alguma coisa com ela?

– Não, sei, vou à cozinha comer alguma coisa, estou com fome.

– Quer que eu prepare um lanche para você? – diz Isabel.

– Você faz isso por mim?

– Claro, vai deitar. Eu preparo um sanduíche e levo para você.

– Obrigada, amiga.

Matilde se dirige ao seu quarto para descansar.

Após preparar o lanche, Isabel vai ao encontro da amiga.

– Matilde?

– Estou no banho, espera aí.

– A Lorena deixou um bilhete na cozinha.

– O que houve com ela?

– Está escrito aqui que ela teve que ir embora para ir até o hospital, ela diz que a sua filha está para ganhar neném.

– Disse mais alguma coisa?

– Sim, ela disse que segunda-feira ela vem trabalhar.

– Está bem, vou me virando até lá.

Matilde toma um banho, e após lanchar, se despede de

Isabel, que vai para a sua casa.

Ela dorme aquela noite inteira. O enjoo passou após a medicação dada por Romulo.

Durante toda a noite, André e Luzia ficaram ao seu lado auxiliando nos laços fluídicos que começaram a se estabelecer entre Matilde e seu bebê.

"*A vida é dádiva divina, deve ser aceita com todo amor nos corações genitores.*"

Osmar Barbosa

O passado

Matilde é acordada pelo telefone que insiste em ser atendido.

– Quem será a essa hora, meu Deus!?

Matilde se dirige à sala de sua luxuosa cobertura para atender ao telefone.

– Alô.

– Matilde?

– Sim.

– Sou eu, sua tia Irma.

– Oi, tia. Desculpe, nem reconheci a sua voz, acabei de acordar.

– Perdoe-me, meu amor. Estou com muitas saudades suas, eu posso ir aí te visitar?

– Pode, tia.

– Eu preciso conversar com você sobre os seus pais.

– Está bem, tia, venha. Eu vou me levantar e te espero.

– Chego em poucos minutos.

– Estarei te esperando, tia.

– Até já, querida!

– Até.

Matilde se levanta, e após um banho, se senta na cozinha para tomar o seu café da manhã. A sua mente está fervendo, o que fazer, ter ou não ter o bebê? E sua vida, como vai ficar? Quem vai cuidar da criança para ela trabalhar? Devo contar ao Humberto que estou grávida dele? Qual será a sua reação?

Luzia e André se aproximam e emanam energias positivas para Matilde se acalmar.

Após meia hora, o interfone avisa que Irma acaba de chegar.

– Pode deixar subir, seu João.

Matilde se dirige ao hall de elevadores e aguarda a chegada de sua tia.

– Bom dia, tia.

– Oi, meu amor, que saudades de você! – diz Irma abraçando Matilde.

– Venha tia, vamos entrar.

– Seu apartamento é lindo!

– Obrigada, tia.

– Vamos nos sentar aonde?

– Quer ficar aqui ou ir para a cobertura?

– Vamos sentar aqui mesmo.

– Venha, sente-se aqui na sala, tia.

Irma se ajeita no lindo sofá de cor laranja.

– Então me conta o que está acontecendo com os meus pais, tia?

– A sua mãe me ligou, disse que o seu pai está diabético e com problemas cardíacos. Ele vive pedindo para você ir até lá para vê-los. Ele acha que vai morrer e quer te ver.

– E a mamãe está bem?

– Sua mãe está ótima. Virou uma costureira de mão cheia, quase não tem mais tempo para nada. Está tratando a depressão, está bem! Encontrou-se com o espiritismo e está muito feliz!

– Que bom, tia!

– Como está seu trabalho lá na construtora, filha?

– Está tudo bem.

– E casamento, nada?

– Tia, não tenho tempo para pensar em casamento.

– Mas já está mais do que na hora de você se casar, meu amor. Você já vai fazer vinte e sete anos.

– Ainda não apareceu o meu príncipe, tia.

– Você está procurando?

– Não.

– Se você não procurar, como vai achar?

– Tia, eu estou me preparando para visitar o papai e a mamãe. Tenho pensado muito neles, não sei o que é.

– A sua mãe me pediu o seu telefone, eu não dei, sigo as suas orientações, mas acho que você deveria visitá-los, eles estão velhos e precisam de você.

– É, tia, eu vou me programar para visitá-los, te prometo.

– Eu só não vou com você porque não tenho mais condições de encarar avião, aeroporto, essas coisas. Talvez se eles morassem em Porto Alegre eu até iria, mas tantas horas de carro me fazem muito mal.

– Eu compreendo, tia.

– Vá ver seus pais, meu amor, antes que seja tarde.

– Eu vou, tia. Prometo!

Após muitas horas de conversa, Irma deixa Matilde, que volta para a cama. Matilde se sente cansada.

Sonolenta e pensativa, ela volta a dormir.

E no dia seguinte, Matilde é novamente acordada pois o telefone não para de tocar.

– Quem será agora, meu Deus?

Matilde se dirige à sala para atender ao telefone.

– Alô.

– Matilde?

– Sim.

– Aqui é o Humberto.

– Humberto?

– Sim.

– Como você conseguiu o meu telefone?

– A sua amiga Isabel me passou. Não fique chateada com ela, é que estou muito preocupado com você. Hoje é domingo e eu te procurei na sexta e no sábado e não te encontrei.

– Isabel não deveria ter te dado o meu número.

– Não brigue com ela, por favor! É que estou te procurando.

– Eu estou bem, Humberto.

– Está tudo bem mesmo?

– Sim, só estou um pouco indisposta, só isso.

– Eu preciso te ver, tenho algo muito sério para conversar com você.

– Humberto, eu não sou sua namorada.

– Eu faço qualquer coisa para ficar ao seu lado. Me dê uma chance, por favor, acho que o mais importa é o que sinto por você, Matilde. Eu preciso conversar com você.

Matilde fica em silêncio por alguns segundos.

– Você está aí?

Silêncio...

– Matilde, você está aí?

– Estou, Humberto.

– Está tudo bem?

– Sim, está tudo bem.

– Deixe-me ir até aí te ver?

– Vir aqui?

– Sim, eu tenho uma proposta para te fazer.

– Proposta, como assim? Que proposta?

– Deixe-me te ver, eu te explico melhor pessoalmente.

– Acho melhor você me esquecer, você é casado.

– Não, não sou mais casado, já te disse isso. Depois que conheci você foi que a minha vida passou a ter sentido, meu amor.

– É melhor não, Humberto.

– Por favor. Me dê uma chance, Matilde, eu só quero te ver e conversar com você.

Matilde fica pensativa.

André e Luzia estão ao seu lado novamente.

– Onde você está?

– No Brás, vim aqui ver uns amigos.

– Está bem, pode vir.

– Me passa o endereço.

Matilde passa o endereço e Humberto anota com cuidado.

– Chego em meia hora.

– Estarei te esperando.

Preocupada, Matilde arruma a sala e lava uma pequena louça que havia na cozinha. Vai até o seu quarto e arruma a cama.

Passado algum tempo, o interfone toca.

– Tem um rapaz aqui de nome Humberto que deseja subir, dona Matilde.

– Pode autorizar, sr. João.

– Está bem, dona Matilde.

Matilde espera por Humberto no corredor de sua cobertura.

– Meu amor! – diz Humberto abraçando e beijando Matilde, que retribui o beijo com carinho.

– Posso entrar?

– Venha, só não repara, é que a minha empregada não terminou a faxina e o apartamento está meio bagunçado.

– Você mora sozinha aqui?

– Sim, esse é meu cantinho.

– Lindo o seu cantinho. Parece com a minha cobertura. Por que você sumiu?

– Eu não sumi, apenas não saí esse fim de semana.

– Todos lá no clube estavam perguntando por você.

– Resolvi descansar esse final de semana. Você disse que tinha uma proposta para me fazer.

– Sim, eu tenho uma proposta para te fazer.

– Então, diga!

– Podemos ficar em um lugar confortável?

– Vamos subir para a parte de cima da cobertura.

Após subirem e se sentarem, Humberto pega as mãos de Matilde, e olhando fixamente para seus lindos olhos azuis, ele diz:

– Matilde, eu te conheço há apenas três meses, mas esse foi o tempo suficiente para te amar perdidamente. Meu casamento já não andava bem há muito tempo. A minha mulher não queria ter filhos e o meu sonho é ser pai. Daí as coisas desandaram. Ela decidiu voltar a morar com os seus pais. Eu descobri que realmente nós nunca nos amamos. Terminamos nosso casamento e está tudo bem!

Matilde ouve tudo calada sentada ao lado de Humberto.

– Quando eu te conheci, eu percebi que você é a mulher da minha vida. Para mim, o que importa é o futuro, e eu tenho um lindo futuro a te oferecer. Sou um homem muito bem sucedido. Minhas empresas e minhas finanças não param de crescer. Minha família me dá todo o apoio que preciso para a minha felicidade. Tenho um mundo de coisas boas para viver ao seu lado. Quero me casar com você e juntos construirmos uma linda família.

Os olhos de Humberto expressam amor e sinceridade.

Matilde percebe que há realmente muito amor naquele homem.

Por alguns segundos, eles ficam calados olhando um ao outro.

– Humberto, eu ia te procurar mesmo.

– Você também me ama?

– Calma, Humberto. Deixa eu te explicar.

– Você ia me procurar para que?

– Eu ia te procurar pois aconteceu algo que eu não esperava. Sempre me cuido muito para que essas coisas não aconteçam.

– O que aconteceu?

André e Luzia estão ao lado do casal emanando energias positivas. O ambiente é de muita luz.

– Eu estou grávida de você, Humberto.

O rapaz dá um salto de felicidade.

– Grávida?

– Sim, estou grávida de você.

– Meu Deus, tudo o que sempre sonhei. Obrigado,Senhor!

– Mas não estou bem certa se é isso que eu quero, tenho alguns sonhos que preciso realizar, esse bebê não estava em meus planos. Por favor, não pense que fiz isso por minha vontade.

– Matilde, eu acredito muito em Deus, sempre ouvi e ouço dos meus pais, que são espíritas, que nada acontece por acaso.

– Humberto, tenha calma.

– Essa é a chance que o destino nos dá, Matilde, vamos nos casar e ter nosso filho. Eu te prometo toda felicidade do mundo. Sou rico, tenho muitos imóveis, tenho dinheiro suficiente para mim e para a nossa família pelo resto da vida. Essa criança vai ser muito feliz ao nosso lado.

– Dinheiro aqui não é a questão, Humberto.

– Qual é a questão então?

– Minha felicidade e meus sonhos.

– Qual é o seu sonho?

– Já nem sei mais o que é.

– Então, meu amor, vamos aproveitar esse momento e realizar todos os nossos sonhos.

– Eu preciso pensar, Humberto.

– Eu te dou o tempo que quiser, meu amor.

– Eu prometo que vou pensar com muito carinho na sua proposta.

– Você não gosta de mim?

– Eu não te amo, mas posso aprender a te amar.

– O que falta então? O que tenho que fazer para você me amar?

– Eu preciso organizar meus pensamentos. Vamos fazer assim: eu vou fazer uma pequena viagem, de apenas alguns dias, eu preciso ver os meus pais, que moram no Rio Grande do Sul. Assim que eu voltar, eu te ligo e vamos conversar sobre tudo isso.

– Se é isso que precisa, o que posso fazer?

– Esperar.

– Você não quer que eu vá com você ver os seus pais? Afinal, você está grávida, vai que acontece alguma coisa, eu gostaria de estar ao seu lado nesses momentos.

– Não, eu vou sozinha.

– E quando volta?

– Ainda nem comprei a passagem, mas na semana que vem eu te ligo.

– Está bem, meu amor, eu te espero. Vou deixar todos os meus telefones com você.

– Está bem, Humberto, vamos fazer assim.

– Eu faço qualquer coisa pela sua felicidade, Matilde.

– Quer comer algo?

– Quero te levar para jantar.

– Acho uma boa ideia, eu vou me arrumar.

– Eu te espero aqui.

– Venha para a sala que eu já volto.

Matilde se levanta e vai até seu quarto. Após se arrumar, eles jantam e namoram aquela noite.

Antes de dormir, seus pensamentos estão ainda mais confusos. O que fazer? Aceitar o pedido de casamento, ter o bebê?

André e Luzia estão por perto auxiliando Matilde na difícil decisão.

“

Deus dá aos seus melhores soldados as mais difíceis batalhas.

”

Frei Daniel

Na manhã seguinte

Matilde acorda após ouvir um barulho na cozinha.

– O que será isso?

Ela se levanta e se dirige à sala.

Lorena está arrumando o apartamento.

– Lorena, você por aqui?

– Bom dia, dona Matilde. Eu quero me desculpar com a senhora, é que naquele dia, o meu genro veio até aqui me avisar que a minha menina estava no hospital para ganhar neném.

– Sem problemas, Lorena.

– Nasceu uma linda menina, dona Matilde.

– Que bom! E elas estão bem?

– A bebê eu vou buscar hoje, a minha filha teve algumas complicações e vai ficar mais alguns dias internada.

– Algo sério?

– Os médicos dizem que não, foi a cesárea que inflamou.

– Ah, compreendo.

– Estou doida para pegar a minha netinha no colo. Eu e minha filha temos nossas diferenças, mas nessa hora eu preciso perdoar.

– Perdoar? O que ela te fez?

– Ela largou tudo pelo meu genro. Vivem em um cubículo em uma comunidade. Ela passa muitas necessidades por causa desse rapaz.

– Ele é pobre?

– Muito, mas é honesto.

– Que bom, né, Lorena? Pelo menos isso.

– Pois é. Mas coração de mãe é assim, a gente quer o melhor para os nossos filhos, mas o destino às vezes nos prega peças.

– Tenha calma, e curta o seu bebê.

– É isso que pretendo fazer. O problema vai ser as minhas faxinas que faço quando não estou aqui.

– O que tem as suas faxinas com isso?

– Eu moro sozinha, como a senhora sabe, não tenho com quem deixar o bebê para trabalhar, e se não trabalhar, como vou pagar as contas?

– Você está precisando de ajuda?

– Não, dona Matilde, até agradeço a senhora.

– Então qual é o problema?

– Eu trabalho aqui três vezes por semana. Segunda, quarta e sexta.

– É, eu sei. Você não veio na semana passada e olha como estão as coisas aqui.

– É esse o meu problema. Como vou vir se não tenho com quem deixar o bebê?

– Você vai pegá-la hoje?

– Sim, depois do almoço.

– Então você vai precisar sair cedo?

– Sim, mas eu compenso outro dia.

– Olha, se ela for quietinha, você pode vir com ela para cá.

– Posso?

– Se ela for quietinha, não tem problema. Eu não vou estar aqui mesmo, só não quero os vizinhos reclamando de barulho de bebê chorão.

– Normalmente, os bebês nessa idade são quietinhos, só fazem mamar e dormir. Eu posso trazer ela na quarta?

– Pode.

– Ah, dona Matilde, a senhora é um anjo mesmo.

– Estou atrasada para o trabalho. Arrume tudo e vá buscar a sua neta.

– Tá bom, dona Matilde, vou fazer isso, obrigada!

– De nada, Lorena.

Matilde se arruma e sai para o trabalho.

Seus pensamentos são profundos. O que faço da minha vida? Um bebê, como assim?

No dia seguinte, Matilde não consegue ir trabalhar, ela está mole e muito enjoada. Ela liga para Romulo para lhe falar do enjoo.

– Romulo?

– Oi, Matilde!

– Eu estou muito enjoada, parece que o remédio já não faz mais efeito.

– Eu vou te passar um outro medicamento, mas você não pode ficar se enchendo de remédios, isso pode fazer mal ao bebê. Gravidez é assim, no começo é bem complicado, mas isso passa.

– Eu esqueci de te perguntar. Com quantos meses estou?

– Perto de dois meses, pelo exame que fiz.

– Está bem, Romulo. Me passa o remédio, por favor.

– Anota aí.

Romulo passa o remédio. Imediatamente, Matilde pede à farmácia, e após tomá-lo, ela se sente melhor.

Naquele dia, ela dorme melhor.

No dia seguinte...

– Dona Matilde?

– Bom dia, Lorena.

– Desculpe-me entrar no seu quarto quando a senhora dorme, perdoe-me por te acordar.

– Eu já estava acordada, estou esperando a hora para ir trabalhar.

– Mas a senhora ainda não se levantou?

– Eu já vou levantar, Lorena. E sua filha, como está?

– Ainda está internada.

– Ela não melhorou?

– Os médicos estão preocupados, ela está toda inflamada.

– Ela vai melhorar. E a menina?

– Está aqui.

– Onde, Lorena?

– Lá na sala, ela é um doce de menina, dorme que é uma beleza. A senhora quer ver ela?

– Sim.

– Pera aí que eu vou buscar.

Lorena vai até a sala, pega o bebê no colo e se dirige ao quarto de Matilde.

Lentamente, ela entra no quarto.

– Olha ela aqui, dona Matilde. – diz Lorena repousando a menina ao lado de Matilde.

Seu coração dispara. Ela sente algo muito profundo como nunca sentiu.

Aquele bebê mexeu profundamente com Matilde.

Lorena percebe que sua patroa se emocionou.

– Está tudo bem, dona Matilde?

– Sim, Lorena. Posso ver o rostinho dela?

– Sim. – diz Lorena retirando a manta que envolve a menina.

Matilde não consegue conter a emoção, seus olhos deixam descer lágrimas de emoção.

– Nossa, dona Matilde, que lindo seu carinho com a minha neta.

– Ela é linda, Lorena!

– É mesmo. Um doce de menina.

Matilde acaricia o bebê por inteiro. Passa a sua mão sobre todo o corpinho do bebê, muito bem vestido. Sente o perfume de uma linda menina que toca profundamente seu coração.

– Meu Deus, que neném lindo!

– É mesmo, dona Matilde.

Seu coração está quase explodindo em uma emoção que ela não consegue entender.

André e Luzia estão felizes ao lado de Matilde, eles sentem a emoção expandida que envolve todo o ambiente.

– Que lindo, André.

– Lindo mesmo, Luzia.

– Acho que conseguimos.

– Eu também acho.

Emocionada e acariciando a menina, Matilde procura esconder de Lorena aquela emoção.

– Vocês já escolheram um nome para ela, Lorena?

– Ainda não. Estamos esperando a minha filha sair do hospital para que ela decida.

– Ela é linda.

– A senhora está emocionada, o que houve?

– Nada, Lorena, nada.

– A senhora pode ficar com ela um pouco, se quiser.

– Posso?

– Sim, ela é quietinha. Eu vou arrumar as coisas, quando a senhora quiser, eu pego ela novamente.

Naquele dia, Matilde decide que não vai a empresa. Ela passa o dia inteiro cuidando do bebê enquanto Lorena faz a faxina em sua cobertura.

Seu coração ainda está em dúvida, ter ou não ter seu bebê?

"O amor é o único sentimento que aproxima as almas."

Osmar Barbosa

Colônia da Redenção

Ivan é chamado no prédio da governabilidade. Rapidamente, ele se dirige para um encontro importante.

– Olá, Ivan, como vai? – diz Henrique.

– Estou bem!

– Sente-se, por favor.

Henrique é o governador da colônia. É alto, ainda jovem. De barba branca e muito respeitado por todos. Seu trabalho é reconhecido em todas as colônias espirituais.

– A que devo a honra do convite, chefe? – diz Ivan após ajeitar-se na confortável cadeira em frente à grande mesa onde Henrique está sentado.

– Como está o caso de Eliana e Matilde?

– Acho que vamos conseguir impetrar a encarnação.

– Quem está te auxiliando nessa tarefa?

– Luzia e André.

– Vocês vão conseguir?

– Estamos esperançosos. Agora mesmo, conseguimos que Lorena levasse sua neta para o apartamento de Matilde. Achamos que, com a presença de um bebê, vamos conseguir despertar os sentimentos maternais de Matilde, aproximando-a de sua gravidez.

– Sabes que esse caso é bem complicado.

– Sim, temos conhecimento de tudo.

– Eu tenho algumas coisas que gostaria de te mostrar, vamos ver?

– Sim, claro, Henrique.

Em um gesto rápido,Henrique faz descer na parede lateral de seu gabinete uma enorme tela, onde normalmente ele mostra outras encarnações para esclarecimento de vidas passadas.

– Vamos olhar o passado de Matilde? – pergunta Ivan.

– Não, vamos olhar o passado de Eliana.

– Mas o que fez Eliana?

– Eu sei que muitas informações não lhe foram passadas, como sabes, existem coisas que ficam ao meu encargo.

– Sim, sei.

– Pois bem, existem alguns mistérios que envolvem essa irmã, acho que está na hora de você saber um pouco mais sobre Eliana.

– Estou ao seu inteiro dispor, Henrique.

– Vamos olhar?

– Sim, vamos.

Na grande tela, começa a aparecer uma das vidas de Eliana.

O local é uma grande plantação de girassóis.

Um rapaz cuida capinando entre os canteiros, retirando ervas daninhas da plantação.

Uma jovem caminha em sua direção.

– Oi, Pedro.

Pedro é moreno, mede um metro e setenta e cinco, usa barba baixa, tem olhos claros e é muito bonito.

– Oi, Serena.

– O que você está fazendo?

– Estou retirando essas ervas, elas atrapalham o sol que os girassóis precisam.

– Você está suado.

– É, hoje está bem quente.

– Não quer tirar a camisa?

– Não, estou bem assim, Serena.

Serena é uma jovem de apenas dezesseis anos. Tem cabelos negros, olhos castanhos e pele morena. Mede aproximadamente um metro e setenta.

– E você o que está fazendo?

– Já cuidei das cabras.

– Retirou o leite?

– Sim.

– Então tens que ir fazer os queijos.

– Eu já estou indo.

– Se demorar, o leite não vai mais servir para fazer queijo.

– Eu sei, Pedro. Deixa eu te perguntar uma coisa.

– Sim.

– Você gosta muito da minha irmã?

– Sim.

– Muito mesmo?

– Por que você está me perguntando isso, Serena?

– É que eu gosto muito de você.

– Menina, você ainda é uma criança.

– Não sou mais uma menina, já sou quase uma mulher.

– Vê se toma juízo, Serena.

– Eu tenho juízo, só gostaria de saber sobre você e minha irmã.

– Por que você não pergunta isso para ela?

– Por que você está me tratando assim?

– Assim como?

– Você sempre me tratou tão bem.

– Eu trato todos os irmãos de Matilde muito bem!

– Se eu te disser que estou apaixonada por você, você acredita?

Pedro para a capina e fixa seu olhar na bela Serena.

– Serena, você deveria respeitar a sua irmã. Não digo nem da falta de respeito a mim.

– Para o amor não existem fronteiras, Pedro.

– Pode até não haver fronteiras, mas deveria haver respeito. Vá cuidar do seu trabalho, menina.

Visivelmente aborrecida, Serena deixa o lugar.

– Serena é Eliana?

– Sim. – responde Henrique.

– Vamos ver, então.

Naquela noite, Serena não consegue dormir. Pedro não sai de seus pensamentos. Ver a sua irmã Matilde feliz cria dentro da jovem e bela menina uma ambição... ela deseja ter Pedro para ela.

Os dias passam e Pedro não comenta o assédio de Serena a ninguém.

Domingo pela manhã.

Toda a família está reunida como de hábito.

Oswaldo, o pai orgulhoso de suas três filhas, Serena, Matilde e Laura, senta-se à cabeceira da mesa e degusta um pedaço de pão feito no fogão a lenha por sua amada esposa Maria.

– Bom dia à todos. – diz Pedro trazendo em sua mão direita sua amada esposa Matilde.

– Bom dia! – diz Oswaldo orgulhoso pelo genro que tanto ama.

– Nós temos uma excelente notícia para dar a todos. – diz Matilde se ajeitando na cadeira ao lado do pai. Maria está de pé e sorri, conhecedora da notícia que agora todos saberão.

– Pois sente-se aqui ao meu lado, meu jovem. O que tens para nos dizer, filha?

Matilde hesita um pouco antes de falar.

Na mesa estão Serena, Laura, Oswaldo e agora Pedro e sua amada esposa Matilde.

– Diga logo, Pedro! – diz Serena irritada.

– O senhor e a senhora dona Maria serão avós.

A alegria explode no ambiente. Todos se abraçam para comemorar a chegada do primeiro neto.

Só Serena não comemora a notícia. Oswaldo percebe a tristeza da filha e comenta:

– O que houve, Serena, você não gostou da notícia de ser tia?

– Não faz diferença, papai.

– Como assim não faz diferença? – diz Maria se aproximando da jovem.

– Ah, mamãe, uma criança agora só vai ser uma coisa muito chata nessa casa, imagina uma choradeira o dia inteiro.

– Deixa de ser má, Serena, nosso sonho foi sempre sermos avós. – diz Oswaldo tentando alegrar o ambiente.

A alegria é total, Laura abraça a irmã desejando-lhe felicidade.

Matilde é a mais velha das três filhas. Ela tem vinte e dois anos. E Laura, vinte.

– Isso é coisa de criança, Oswaldo, deixa a Serena para lá. – diz Maria.

Imediatamente, a jovem se levanta da mesa e sai da confortável casa do casal.

Matilde se entristece com a atitude da irmã e logo é consolada por Pedro.

– Deixa isso pra lá, querida, ela é só uma menina.

– Eu não entendi essa reação de Serena.

– Isso passa. – diz Maria acariciando a filha mais velha.

– Vamos tomar nosso café com um brinde a esse dia, família?

– Vamos, papai! – diz Matilde orgulhosa.

A felicidade toma conta daquela família.

Os dias passam...

Serena se mantém calada, quase não conversa mais com Matilde. Incomodada com a irmã, ela resolve ter uma conversa com Serena.

A casa é grande, todos tem seus quartos. Matilde e Pedro moram no quarto maior, cedido por Oswaldo e Maria para a espera do bebê.

Suavemente, Matilde bate à porta da irmã após o jantar.

– Posso entrar? – diz Matilde.

Serena já está deitada folheando um livro da escola.

– O que você quer?

– Posso entrar?

– Já está dentro, né?

Matilde se senta à beira da cama para conversar com Serena.

– Por que você está agindo assim, Serena?

– Assim como?

– Com toda essa rebeldia.

– Que rebeldia?

– Você já não fala mais direito comigo, sequer olha na cara do Pedro.

– Ele te contou alguma coisa?

– Ele quem?

– O Pedro.

– Que coisa ele escondeu de mim?

– Nada, não é nada.

– Me conte essa história direitinho, Serena.

– Eu não tenho nada para te contar.

– O que o Pedro tem a ver com isso?

– Isso o que?

– Garota, que mistério é esse?

– Não tem mistério.

– O que tem o Pedro haver com o seu mau humor?

– Nada, Matilde, nada.

– Eu vou ter uma conversa com o meu marido. Espero que você não esteja aprontando nada com ele.

– Eu não tenho nada com o Pedro.

– Eu vim aqui para conversar com você e tentar saber por que você está assim desde o dia em que anunciei a minha gravidez.

– Sua gravidez?

– Sim, ou você acha que eu não percebi?

– Percebeu o que?

– Desde o dia em que eu e o Pedro anunciamos a chegada do neném que você está assim.

– Assim como?

– Pelos cantos, quase não fala mais conosco, não participa mais do café da manhã, do almoço em família, dos jantares.

– A mamãe já conversou comigo sobre isso. É que estou com algumas dificuldades na escola.

– Peça ajuda, como sabes, eu e Laura já terminamos o colégio e podemos te ajudar.

– Agradeço, mas não preciso de vocês.

– Vê se toma juízo, Serena, nós te amamos e queremos o seu bem!

– Obrigada, Matilde, mas não preciso da ajuda de vocês. Eu me viro.

Matilde se levanta e fica de pé ao lado da cama de Serena.

– Eu vou ter uma conversa com o Pedro, quero saber dessa história direitinho.

– Vai?

– Sim, vou.

– Pois que ele te conte tudo.

Matilde fica nervosa e deixa o quarto sem se despedir de Serena.

Pedro que já está deitado é questionado por Matilde sobre Serena, ele lhe conta tudo, mas conforta sua esposa dizendo que isso é coisa de menina.

Após uma conversa amorosa, ambos dormem tranquilos.

– Bom dia, seu Oswaldo!

– Bom dia, Pedro.

– Hoje chega o material para começarmos a obra do celeiro.

– Que bom, Pedro.

– Assim que chegar todos os materiais, eu vou me dedicar à ampliação do lugar.

– Se precisar de ajuda, é só me chamar.

– Não precisa, seu Oswaldo. Vou colocar todo o material para a parte de cima do celeiro e começo a ampliação do telhado, assim, poderemos ampliar o plantel de animais.

– Ótimo, meu rapaz, as cabras e as vacas estão por parir.

– É por isso que precisamos ampliar o espaço o mais rápido possível.

– Se precisar de mim, é só chamar.

– Obrigado, seu Oswaldo.

Naquele mesmo dia, todo o material para a ampliação do celeiro chega. Animado, Pedro começa logo a colocar as estacas para a modernização das cocheiras onde dormem os animais.

Na manhã seguinte, após o café, Pedro vai até o sítio vizinho para chamar alguns ajudantes para o auxílio necessário à obra.

Matilde já está no final do quarto mês de gestação, a barriga já é visível, todos estão muito felizes.

– Mamãe, você sabe do Pedro? – diz Matilde entrando na cozinha.

– Acho que ele está lá no celeiro trabalhando na ampliação.

– Mãe, eu hoje senti o bebê mexer.

– Oh, que lindo, filha!

– Ele mexeu bem aqui, mãe. – diz Matilde alisando a barriga do lado esquerdo.

– Deixa eu ver se ele mexe na minha mão.

Maria coloca a sua mão no local indicado por Matilde e fica fazendo carinho na barriga da filha.

– Ele não quer saber de mim, Matilde. – diz Maria sorrindo.

– Eu vou lá falar com o Pedro.

– Vai, filha, mas cuidado com a altura.

– Pode deixar, mamãe.

Matilde se dirige ao local onde supostamente Pedro estaria fazendo a obra.

Ela sobe na parte superior do celeiro à procura do marido.

– Pedro, Pedro! – chama Matilde.

Ao chegar na parte superior, ela olha para baixo à procura do marido. Não há ninguém naquele lugar.

Serena se aproxima por detrás da irmã e a empurra, provocando uma queda de mais de sete metros.

Matilde cai gritando e fica desacordada.

Serena olha para a irmã caída e sorri.

– Se ele não pode ser meu, sua felicidade não vai acontecer, Matilde. – diz a jovem, que se afasta do lugar rapidamente.

Passada mais de uma hora, Pedro finalmente chega ao lugar com dois ajudantes para a obra. Ao ver a sua amada caída, ele se desespera.

Ajudado pelos amigos, eles carregam Matilde para dentro de casa.

O desespero é total.

Serena está em seu quarto e de lá não sai.

Matilde está morta. Ela e seu bebê.

A tristeza invade o lugar.

Serena finge não saber de nada.

– Nossa, Henrique, eu não sabia dessa vida.

– Nós poupamos todos vocês desse acontecimento.

– Mas por que fomos poupados?

– Não se paga vingança com outra vingança. Decidimos que as coisas deveriam correr naturalmente. Talvez se André e Luzia soubessem disso, eles não estariam tão dedicados à encarnação de Eliana.

– Mas nem a ela isso foi revelado.

– Poupamos as duas desse sofrimento.

– Misericórdia divina?

– Sim. Somos os administradores das encarnações e tudo o que for necessário ao perdão, faremos.

– E agora?

– Agora, que se cumpra essa encarnação. Como sabes, Matilde, nessa vida, já fez dois abortos.

– Sim, sabemos disso.

– Pois bem, das duas últimas vezes, não interferimos, deixamos que elas tentassem se ajustar.

– Sim, das duas primeiras tentativas, nós não participamos.

– E tomamos o cuidado também de apagar da lembrança de Eliana os dois rejeitos.

– Qual o objetivo?

– Tudo aconteceu para que elas se aproximassem. As tentativas de encarnação servirão para a aproximação desses espíritos que precisam se ajustar.

– O que será agora?

– Agora, estamos nos esforçando muito para que Matilde tenha em seus braços sua irmã. Quando Matilde empurrou Eliana naquela ponte, elas estavam se ajustando.

– Agora compreendo tudo o que aconteceu.

– Não há acasos nos desígnios divinos, Ivan.

– Sabemos disso perfeitamente.

– Ainda há uma outra coisa que eu preciso de mostrar.

– Vamos ver, estou a seu dispor.

– Faça assim, eu tenho uma reunião muito importante agora na Colônia Amor e Caridade com o meu amigo Daniel. Quando voltar de lá, eu te chamo e vou te mostrar mais um pouco dessas meninas.

– Como quiser, Henrique.

– Até breve, meu rapaz.

– Vou até minha sala, estarei ao seu dispor assim que achar conveniente voltarmos à Eliana e Matilde.

– Eu peço para te avisarem quanto eu chegar.

– Está combinado.

– Até já!

– Até! – diz Ivan se levantando, e após cumprimentar Henrique, ele deixa o prédio da governabilidade.

Ivan segue pensativo, mas esperançoso que tudo corra dentro do planejado.

"Onde houver um ou mais em meu nome, com eles estarei."

Jesus

Matilde

Matilde chega à empresa para mais um dia de trabalho.

– Bom dia, Matilde!

– Oi, Cristina.

– Você está bem?

– Sim. Por que a pergunta?

– Você tem faltado ao trabalho.

– Estou tendo alguns problemas pessoais.

– Algo sério?

– Não, querida. Obrigada por sua preocupação.

– Olha, se precisar de ajuda em seus projetos, eu posso te ajudar.

– Vou visitar a obra hoje. Você quer ir comigo?

– Podemos, sim. Que horas você pretende ir?

– Já estou arrumando as plantas para ir até a obra supervisionar.

– Você vai agora?

– Sim.

Cristina é arquiteta na empresa e divide com Matilde as responsabilidades sobre o futuro lançamento da construtora.

– Estarei na minha sala, quando você for sair, passa lá que vamos juntas. Eu também tenho algumas coisas para olhar na obra.

– Está bem, já estou terminando aqui.

– Te aguardo.

Matilde arruma as plantas da obra e passa na sala de Cristina. Ambas pegam o carro da empresa e se dirigem à obra.

Ao chegarem, elas logo começam a supervisão.

– Vamos até o vigésimo andar?

– Vamos, Cristina.

O elevador é provisório e tem pouca proteção, mas é seguro.

Matilde, Cristina e Thiago, o encarregado da obra, se dirigem ao vigésimo andar.

– Bom dia, dona Matilde!

– Bom dia, Thiago. Como tem andado a obra?

– Estamos dentro do prazo.

– Que ótimo.

– Nós vamos dar uma olhada no andar superior e nas coberturas.

– Sem problemas, dona Cristina.

Matilde começa a se sentir mal e Cristina percebe que a amiga não está bem.

– Está tudo bem, Matilde?

– Sim.

– Você está pálida.

– Está tudo bem, dona Matilde?

Matilde começa a suar frio.

– Deixa eu te amparar, Matilde. – diz Cristina.

– Ela está branca. – diz Thiago.

– Já estamos chegando?

– Sim, dona Matilde. – diz o rapaz.

O elevador para no último andar do prédio em construção.

Amparada por Thiago e Cristina, Matilde é levada até um canto onde se senta em uma pilha de tijolos.

– Pega água para ela, Thiago.

– Vou descer e buscar.

Thiago sai às pressas para buscar um pouco de água para Matilde.

– Senta aqui, amiga. Você está melhor?

– Estou tonta. Sempre tive medo de altura, mas agora as coisas estão piores.

– Você está bem, Matilde?

– Eu tenho me sentido mal há dias.

– O que está acontecendo?

– Eu estou grávida, amiga!

– Que legal, Matilde!

– É, mas tenho passado muito mal com essa gravidez.

– Eu também passei por isso. Foram duas gestações em que passei muito mal também. Com quantos meses você está?

– Perto de três meses.

– Acho melhor você se licenciar da empresa e cuidar de você.

– Nem sei se vou ter essa criança, Cristina. Sou solteira, como sabe.

– Minha amiga, se Deus te deu é porque está na hora. Ser casada ou não, não te impede se ser mãe.

– Não sei, Cristina.

– Nem pense em fazer bobagem, Matilde.

– Olha, Cristina. Eu ainda não estou preparada para isso, confesso.

– Matilde, eu tenho dois filhos, como você sabe. O Lucas e a Teresa. No começo, foi muito difícil, pois eles eram totalmente dependentes de mim. Mas hoje eu vejo que valeu a pena tudo o que fiz. O Lucas é só orgulho. A Teresa, então, nem se fala, são crianças especiais.

Matilde se sente melhor.

Thiago chega trazendo a água.

– Beba, Matilde, você vai se sentir melhor.

Matilde pega o copo e bebe lentamente a água trazida pelo rapaz.

– A senhora se sente melhor, dona Matilde?

– Estou melhor, sim, Thiago, Obrigada!

– Vamos descer, Matilde. – diz Cristina.

– Vamos, sim, eu não tenho condições de olhar nada. Não tenho cabeça.

– Eu vou te deixar em casa e aviso ao George que você não está bem. Converse com o seu médico, peça a ele um atestado e tire uns dias para se recuperar.

– Você pode me deixar em casa?

– Sim, claro. – diz Cristina.

Assim, Matilde é levada para casa. Naquele dia, ela não sai mais. Ela descansa e se recupera.

Seus pensamentos estão confusos. Ela não sabe o que fazer.

No dia seguinte, ao acordar, se dirige até a cozinha e encontra com Lorena.

– Bom dia, dona Matilde.

– Bom dia, Lorena.

– A senhora não vai trabalhar hoje?

– Não, eu vou ao médico mais tarde.

– Está tudo bem com a senhora?

– Sim, estou bem.

– Eu vou terminar de arrumar tudo e tenho que ir até o hospital para ver a minha filha.

– E como ela está?

– Está melhor. Mas ainda sem previsão de ter alta.

– A inflamação está melhor?

– Sim, mas ela é uma menina frágil, sempre foi assim. Quando era bebê, quase morreu.

Matilde se senta à mesa da cozinha após pegar um iogurte na geladeira e começar a beber.

– É, Lorena?

– Sim, ela sempre foi uma criança frágil.

– E como está a sua neta?

– Linda de morrer.

– Qual vai ser o nome dela? Já escolheram?

– Ainda, não. O meu genro não quer escolher. Quer deixar que a Paula escolha. Hoje, ela ficou com uma amiga minha. Assim que sair daqui, eu vou ficar cuidando dela.

– Traz ela na próxima vez, estou com saudades daquele rostinho.

– Trago sim, dona Matilde.

– Ela está precisando de alguma coisa?

– Ela quem?

– Sua filha e sua neta.

– Dificuldade é o que não falta na vida de Paula. Ela deixou tudo de lado pelo Sandro. Ele é um bom menino, mas também não tem instrução. Trabalha como motoqueiro. Ganha muito pouco.

– Eu vou deixar um dinheiro para você comprar o que precisa para o bebê.

– Obrigada, dona Matilde, a senhora é uma pessoa muito boa.

– Deixa de bobagem, Lorena. Compra um presentinho para as duas.

– Pode deixar, compro sim.

– Agora vou me arrumar, vou ao salão e depois vou ao médico.

– A sua amiga ligou ainda pouco.

– Quem?

– A Isabel.

– E o que você disse a ela?

– Que a senhora estava dormindo.

– Ela deixou algum recado?

– Não, só perguntou se estava tudo bem com a senhora.

– Está bem, se ela ligar novamente, diga para ela passar aqui no final do dia.

– Pode deixar.

Matilde se levanta e vai ao seu quarto para tomar banho e se arrumar para sair.

Lorena segue em sua rotina.

As horas passam...

– Boa tarde,Sandra!

– Oi, dona Matilde.

– O Romulo está?

– Sim, está atendendo, mas já está terminando.

– Vou aguardar.

– Quer alguma coisa?

– Não, obrigada, Sandra.

Matilde se senta na recepção à espera do atendimento.

Após alguns minutos, é convidada a entrar.

– Boa tarde, Matilde!

– Boa tarde, Romulo.

– Como está?

– Muito enjoada e perdida.

– Sente-se. – diz Romulo oferecendo uma cadeira à frente de sua mesa.

Matilde se ajeita e fica em silêncio.

– O que houve, Matilde?

– Ah, Romulo, eu acho que vou tirar esse bebê.

– Tirar, como assim?

– Eu não estou preparada para tudo isso.

– Matilde, ser mãe é algo divino. Eu já te avisei que talvez essa seja a sua última oportunidade.

– É eu sei, você me falou.

– Quer um conselho de médico e de amigo?

– Sim.

– Tenha essa criança e vá ser feliz.

– Eu não sei, tenho passado muito mal. Quase não como, tudo o que tem cheiro me enjoa. Não durmo bem, não tenho mais alegria.

– Olha, Matilde, gravidez não é doença. Como te disse a minha amiga é obstetra e pediatra. Ela vai cuidar muito bem de você e do seu bebê.

– Romulo, eu acho que não vou ter essa criança.

– Não conte comigo para essa loucura.

– Você já me falou sobre isso.

– Nem me venha com chantagens. Siga o meu conselho. Sou seu médico e conheço perfeitamente seu organismo. Se não for agora, talvez não seja nunca mais.

– Não vou te chantagear, Romulo.

– Sou seu melhor amigo além de seu médico.

– Você poderia ser meu obstetra. Talvez isso facilitasse minha decisão.

– Não sou obstetra. Não fiz obstetrícia. Vá falar com a Jane, ela é a melhor que conheço.

– Não sei...

– Minha amiga, siga o meu conselho, por favor.

– Não sei.

– Olha, eu vou ligar para ela e marcar um horário para você. Posso fazer isso?

– Não, ainda não. Eu queria mesmo é que você cuidasse de mim.

– Cuido de você já há alguns anos. Estarei sempre aqui se precisar. Mas não é minha especialidade.

– Compreendo, Romulo.

– Vá na Jane. Se cuida e cuida desse bebê.

– Vou pensar.

– Prometa-me que não vai tirar essa criança, por favor!

– Não posso te prometer nada ainda. Mas vou pensar em suas palavras e conselhos com carinho.

– Já é uma vitória para mim.

– Obrigada, Romulo. Você tem como me dar um atestado por alguns dias?

– Claro. Vou providenciar.

– Obrigada, meu amigo.

– Vá para casa, descanse, eu vou colocar na receita o telefone da Jane. Liga para ela e se cuida.

– Obrigada, meu amigo.

Após se despedirem, Matilde pega a receita e o atestado e vai para casa.

Ao chegar em casa, ela encontra sobre a mesa da sala um bilhete deixado por Lorena.

"Dona Matilde, ligou para cá um senhor de nome Humberto, ele pediu para a senhora ligar para ele. A Isabel também ligou novamente."

No dia seguinte, ela liga para Isabel.

– Oi, Isabel.

– Oi, amiga, como você está?

– Estou bem.

– E o neném?

– Que neném?

– O seu, é claro.

– Não sei ainda se vou ter esse neném, Isabel.

– Meu Deus, você ainda está nessa?

– Nessa qual?

– Amiga, você tem que ter esse filho. Isso vai ser bom para você.

– Você me ligou para isso?

– Sim, estou preocupada com você. E o Humberto te ligou?

– Obrigada por ter dado meu telefone para ele.

– Desculpe, Matilde, é que ele insistiu muito.

– Eu te perdoo.

– Ele te procurou?

– Sim, esteve aqui em casa.

– E aí?

– E aí, nada.

– Quer que eu vá para a sua casa?

– Você não tem nada para fazer?

– Não, eu posso passar o dia com você.

– Então vem. Eu preciso mesmo conversar com alguém.

– Chego antes do almoço.

– Está bem, estou te esperando.

Naquele dia, Matilde se distrai com a amiga.

Ela fica mais calma, mas ainda muito indecisa.

"

Ao nos depararmos com os desafios evolutivos, devemos nos revestir de humildade e amor, Deus escreve certo por linhas tortas.

"

Marques

Henrique

Após retornar da Colônia Espiritual Amor e Caridade, Henrique pede para avisar a Ivan que o aguarda em sua sala.

Imediatamente, Ivan se dirige ao prédio da governabilidade.

– Bom dia, Ivan.

– Bom dia, Henrique.

– Como está a Matilde?

– Ainda insegura.

– Eu quero te mostrar mais um pouco de Eliana e Matilde.

– Estou muito curioso para saber tudo.

– Sente-se, vamos à tela de vidas passadas.

Ivan se ajeita ansioso para saber todo o mistério que envolve aquelas duas irmãs.

A tela de projeção é ligada. Henrique se senta ao lado de Ivan e ambos começam a ver o passado.

– Henrique, eu posso te fazer uma pergunta antes de começar a projeção?

– Sim, claro que sim, Ivan.

– Na visão anterior, vimos que Eliana matou a sua irmã por inveja, ciúme e falta de compaixão.

– Sim.

– Quando estávamos preparando Eliana, nada disso nos foi revelado. Ela, eu acho, não foi lembrada dessa vida.

– Sim.

– E por que isso não lhe foi revelado?

– Ivan, a reencarnação de Eliana era compulsória, ou seja, ela iria reencarnar antes de passar pela colônia, estava no planejamento encarnatório das duas.

– E por que isso não aconteceu?

– Matilde fez dois abortos, você sabe?

– Sim, sabemos que nossa missão é difícil exatamente por ser ela abortista.

– Pois bem, como Eliana não reencarnou compulsoriamente, trouxemos ela para a colônia e esperamos o momento mais apropriado para intervirmos.

– Mas se era compulsório, o que deu errado?

– Livre-arbítrio.

– O livre-arbítrio de Matilde desprogramou o combinado?

– Sim, todos somos livres, quando ela decidiu não ter os dois primeiros bebês, fez com que fôssemos acionados para ajudar nesse resgate.

– Compreendo. Por isso Eliana não foi lembrada do passado?

– Sim, talvez se Eliana tivesse sido alertada sobre o que tinha feito, nós perderíamos a chance de recolocá-la ao lado de Matilde. As lembranças pretéritas trazem sentimento pretéritos, e muitas vezes temos a permissão de poupar os espíritos envolvidos planejando o futuro.

– Isso é ruim por aqui. – diz Ivan.

– O amor do Criador pelas criaturas faz com que essas engenharias sejam disponibilizadas aqui nas colônias. Assim, Eliana não se lembrar do que fez à irmã a coloca em situação de amor e piedade. Isso as aproxima.

– Ele, que tudo sabe e tudo vê, é amor incondicional, Henrique.

– Isso, Ivan. Mas vamos olhar outra parte dessa história, eu tenho certeza de que você vai ficar feliz com o que vamos te mostrar.

– Estou ainda mais ansioso.

– Lembrando sempre que nada fica oculto na vida eterna, é importante lembrar que as formas e as maneiras em que colocamos os espíritos que precisam de ajustes são ocultadas temporariamente. Logo, todos sabem os porquês das coisas de Deus.

– Certamente, Henrique.

– Vamos ao que interessa.

– Vamos.

A sala escurece e na tela pode-se ver Serena ao lado do caixão de Matilde.

Todos estão muito abalados.

Pedro não para de chorar e é consolado por Maria, que encontrou forças onde ninguém poderia imaginar.

Ao lado de Maria, pode-se ver uma linda mentora espiritual dando-lhe forças e sabedoria para suportar aquele momento.

Laura se aproxima de Serena.

– Você está bem, irmã?

– Sim.

– Não parece triste com a morte de Matilde.

– É claro que estou triste. Só não sou igual a vocês.

– Nota-se que você é fria.

– Não é questão de frieza. Eu sou assim.

– Matilde era uma irmã que todos gostariam de ter. Doce, meiga, carinhosa, amorosa com os nossos pais. Olha para o papai e para o Pedro. A vida desses homens termina aqui, hoje.

– Eles vão se recuperar. – diz a jovem friamente.

– Você é muito má, Serena.

– Eu vou para o meu quarto.

– Um dia, você ainda vai chorar as lágrimas de arrependimento por tudo isso.

– Vou para o meu quarto. – diz Serena saindo da sala onde o corpo de Matilde é velado.

O enterro acontece em meio a muita tristeza.

Os dias passam...

Pedro adentra a sala com uma grande sacola onde se encontram suas coisas.

A família está reunida tomando o café da manhã.

– Bom dia, seu Oswaldo, bom dia, dona Maria.

– O que é isso, meu filho?

Pedro se aproxima da mesa onde está sentada toda a família.

– Eu quero agradecer a todos vocês por terem acolhido eu e a Matilde. Não tenho mais condições de viver aqui.

– Meu filho, pelo amor de Deus, não faça isso.

– Dona Maria, eu amo a senhora como amei a minha mãe. Mas tenho que ir embora.

– Você pode ficar aqui o tempo que quiser, Pedro. – diz Oswaldo muito triste.

– Eu agradeço, seu Oswaldo, por tudo, mas tenho que partir.

– Você vai para onde, Pedro? Você não tem família.

– Eu não sei bem ao certo. Mas tenho que partir.

O coração de Serena se enche de ódio novamente.

Laura se aproxima do cunhado e o abraça.

– Não faça isso, Pedro, você é como um irmão que não tivemos.

– Laura, eu gosto muito de vocês, mas não faz mais sentido eu viver nessa casa. A saudade de Matilde me mata todos os dias. Ela e meu filho eram tudo o que eu tinha.

– Senta, Pedro, toma café antes de ir. Maria, prepare uma bolsa com comida para ele. – diz Oswaldo compreendendo seu genro.

– Eu não quero comer nada, não precisa, dona Maria.

– Deixa eu preparar alguma coisa para você levar, meu filho.

Maria se levanta, pega uma sacola de pano e deposita ali dois pedaços de pão e duas frutas.

Todos estão tristes com a decisão de Pedro.

Serena fixa seu olhar no cunhado.

Pedro, cabisbaixo, se dirige à porta e sai sem se despedir de ninguém.

Maria chora e é consolada por Laura, que a abraça.

– Não fica assim, mãe.

– Meu Deus, por que merecemos isso?

Pedro sai pela porta da cozinha.

Todos ficam muito tristes.

As horas passam.

Laércio, o vizinho que sempre ajudava Pedro nas tarefas da propriedade, chega esbaforido à casa de Oswaldo.

– Seu Oswaldo, seu Oswaldo! – grita o rapaz em frente à casa.

Todos correm para ver o que está acontecendo.

Oswaldo é o primeiro a chegar em frente à casa.

– O que houve, Laércio?

– Uma tragédia, seu Oswaldo.

– O que houve, rapaz?

– Serena olha da janela de seu quarto esperando pela notícia.

– Ele se matou, seu Oswaldo.

– Quem se matou, rapaz?

– O Pedro. Ele está pendurado lá na arvore da estrada.

Oswaldo quase desmaia com a notícia.

Maria entra em desespero e é amparada por Laura.

Serena fecha a janela e se joga na cama, afinal, seu grande amor está morto.

Os vizinhos já haviam tirado Pedro da árvore. Ele se enforcou naquela quente tarde de verão.

A tristeza invade o lugar, Pedro era muito querido por todos.

Na grama da estrada, repousava o corpo de um jovem que perdera tudo nessa vida.

A tela se apaga.

– Meu Deus, quanta maldade em Eliana. – diz Ivan.

– É, Ivan, há segredos que só nos são revelados no momento exato, mesmo aqui.

– E agora, Henrique, o que faremos?

– Siga com o plano reencarnatório de Eliana, vamos esperar pela ação dos amigos superiores. Só eles podem nos ajudar agora. Eu estive em Amor e Caridade e pedi ao Daniel e sua equipe para nos ajudar.

– E eles?

– Farão o possível.

– Daniel pode nos ajudar?

– Ele tem ao seu lado espíritos iluminadíssimos. Conto com a ajuda dele sempre que preciso.

– Deus seja louvado.

– Vamos em frente, Ivan. Oriente André e Luzia para não desistirem, vamos esperar e orar a Deus para que consigamos que tudo se cumpra.

– Oremos, sim. Vou até a capela para fazer uma oração.

– Faça isso, Ivan.

– Obrigado por me ter revelado tudo isso, Henrique.

– Não podemos desistir de auxiliar Eliana. Ela precisa dessa encarnação para ajustar-se à Matilde e ao Pedro.

– Farei isso. Obrigado!

– Eu vou me dedicar a te ajudar ainda mais. Vamos conseguir.

– Se Deus quiser.

– Até breve, Ivan.

– Até,Henrique.

Assim, Ivan deixa a sala de Henrique e se dirige à capela para orar por todos.

> "A vida não se resume a esta vida."

Nina Brestonini

Revelações

Três meses de gravidez, chega a hora da decisão final. Matilde acorda com o choro do bebê em sua sala.

Seu coração se enche de alegria.

– Ela está aqui! – diz em seus pensamentos.

Ao chegar à sala, ela se depara com uma cena que jamais esquecera.

Humberto está de pé no meio da sala. Em seu colo, repousa e menina, neta de Lorena.

Ao perceber a chegada da patroa, Lorena se assusta e fica muito nervosa.

– Ah, dona Matilde, me perdoa. Eu cheguei aqui e esse moço estava na portaria e subiu comigo. Ele disse que é seu namorado e eu fiquei sem jeito de dizer não.

– Não se preocupe, Lorena. Bom dia, Humberto!

– Bom dia, meu amor.

O coração de Matilde se enche de paz. Rapidamente, ela se aproxima de Humberto e toma o bebê em seu colo.

Algo acontece em seu peito. Emocionada, ela beija a face da linda menina e sente seu cheiro.

– Ela é cheirosa, não é, Lorena?

– É, dona Matilde. A senhora não está chateada comigo, não?

– Não, Lorena, fique tranquila. Vá fazer suas coisas, deixa que eu cuido da menina. Já escolheram o nome dela?

– Meu genro disse que a minha filha quer que chame ela de Nina.

– Lindo nome. Não é, Nina? – diz Matilde acariciando o bebê.

– A sua filha ainda não saiu do hospital?

– Ainda não, dona Matilde, ela está melhor, mas o médico ainda não deu alta a ela.

Humberto esboça um sorriso de alegria ao ver sua amada tão bem.

– Venha, Humberto, venha até o meu quarto, eu preciso conversar com você.

Ambos se dirigem ao quarto. Nina está no colo de Matilde.

Humberto se senta em uma cadeira enquanto Matilde ajeita o bebê sobre a cama.

Nina dorme.

Matilde vai até seu *closet* e se veste com um roupão.

– É linda essa bebê, né, Matilde?

– Eu não sei porque, mas sempre que ela vem aqui, eu fico emocionada e louca para tê-la em meu colo.

– É melhor você ir treinando, nosso bebê está a caminho, meu amor.

– É sobre isso que precisamos conversar.

– Sou todo ouvidos, Matilde.

Matilde se senta ao lado de Nina, respira fundo e começa a falar.

– Sabe, Humberto, eu tenho pensado muito em tudo isso. Estou insegura e confusa. Não tenho certeza se é isso que eu quero para a minha vida. Ser mãe e me casar não estavam em meus planos. Segunda-feira viajo para ver os meus pais. Eu quero te pedir mais um pouco de paciência.

– Você não gosta de mim?

– Não é questão de gostar. Eu sou uma mulher independente. Passei por momentos muito difíceis da minha vida. Carrego um passado que não me deixa dormir. Tenho um segredo que nunca contei a ninguém e não vou te contar. Mas esse segredo foi o que me manteve sempre longe das pessoas.

– Se você quiser me contar, pode confiar em mim.

– Não, eu não vou contar.

– Você está bem, Matilde?

– Bem, como assim?

– Você melhorou do enjoo?

– Sim, quase não tenho mais. Estive no médico e ele me aconselhou a procurar uma amiga dele que é obstetra para começar o pré-natal.

– É isso o que você tem que fazer.

– É, eu sei que se decidir por ter o bebê, tenho que me cuidar.

– Estou e estarei sempre ao seu lado.

– Obrigada, Humberto.

– Como ia te dizendo, na próxima segunda-feira, embarco para Porto Alegre, vou visitar o meu pai, que não anda muito bem, e também quero ver a minha mãe.

– É seguro viajar assim?

– Gravidez não é doença, Humberto.

– Quer que eu vá com você?

– Não, eu vou sozinha.

– Quantos dias você vai ficar lá?

– Uma semana. Já conversei com o meu chefe e ele me sugeriu tirar férias que tenho vencidas.

– Acho ótimo que você se preocupe agora em resolver essas questões.

– Sim, é isso que vou fazer. Eu ainda tenho duas semanas que serão decisivas em minha vida.

– Só não decida por me deixar, por favor. Pense na minha proposta. Podemos ser felizes para sempre.

– Estou pensando em sua proposta, pode ficar tranquilo.

Nina se mexe.

– Vamos falar mais baixo para não acordar a Nina.

– Sim, meu amor. – diz Humberto.

– Eu quero te pedir uma coisa, Humberto.

– Peça o que quiser, eu faço.

– Me dê esses dias para decidir a minha vida.

– Se é o que desejas, assim farei.

– Não fica chateado comigo. É que tenho que decidir com calma.

– Sem problemas, Matilde. Estarei te esperando.

– Obrigada por sua compreensão.

– Vamos fazer assim, quando você voltar, liga para mim que venho correndo para conversarmos.

– Combinado.

– Agora, tenho que ir, deixei o escritório abandonado para te ver.

– Vá, assim que eu chegar do Sul, eu te ligo para nos encontrarmos.

– Posso fazer o último pedido?

– Sim.

Humberto se levanta e se senta ao lado de Matilde, ele toma as suas mãos, e olhando em seu rosto, diz:

– Eu te amo profundamente, Matilde. Por mim e pelo nosso filho, não nos poupe a oportunidade de vivermos eternamente a seu lado, por favor.

– Humberto, não fale assim.

Humberto carinhosamente pega Matilde pelo queixo e beija com ternura seus lábios.

O beijo é ardente.

Matilde sente que aquele homem a ama realmente. Seu coração acelera.

Após mais alguns beijos, Humberto deixa o apartamento confiante em sua conquista.

– Quando voltar, eu te ligo. – são as últimas palavras de Matilde.

As horas passam e Matilde não desgruda de Nina.

No fim do dia, Lorena procura a patroa para pegar a menina e ir embora.

– Dona Matilde, eu já terminei o serviço.

– Já, Lorena?

– Sim, está tudo limpinho e organizado. A roupa que lavei eu passo na próxima segunda.

– Lorena, segunda feira eu vou estar viajando. Cuide de tudo, eu vou passar uma semana fora.

– Vai para onde, dona Matilde? Se é que posso perguntar.

– Vou visitar os meus pais lá no Rio Grande do Sul.

– Ah, que bom, dona Matilde.

– Espero que, quando eu volte, a sua filha já esteja em casa.

– Se Deus quiser, dona Matilde.

– Eu só não gostaria de deixar de ver a Nina.

– Eu trago ela para a senhora ver, pode deixar.

– Está combinado então, Lorena.

– Sim, está combinado, dona Matilde.

Lorena deixa o apartamento.

Matilde se deita para descansar.

Ela passa horas conversando com seu bebê, acariciando sua barriga, que não para de crescer.

André e Luzia se sentem felizes, afinal, a relação mãe e bebê está cada dia mais estreita.

– Viu, André, ela começa a gostar da ideia da gravidez.

– Isso é ótimo, Luzia. Vamos conseguir. – diz o mentor.

– Sim, vamos.

Os dias passam.

Matilde acorda cedo, chama um táxi após arrumar sua bagagem e se dirige ao aeroporto.

Após algumas horas, ela desembarca em Porto Alegre.

Já passa das cinco horas da tarde quando finalmente ela chega à casa de sua tia Odete. Sua mãe, Maria, está se aprontando para sair.

A alegria invade todo o lugar. Bem vestida, Matilde é recebida por todos com muito carinho.

Odete é quem recebe Matilde no portão de entrada da linda casa.

– Olha se não é a Matilde!

– Oi, tia!

– Meu amor, quanto tempo! Como você está bonita!

– Obrigada, tia.

– Venha, vamos entrar. A sua mãe e seu pai vão ficar muito felizes em te ver. Quase você não consegue pegar a sua mãe em casa.

– Ela vai sair a essa hora?

– É melhor ela te contar isso. Venha, vamos entrar.

Elas finalmente chegam à sala da casa.

– Maria, Maria, venha ver quem está aqui! – diz Odete em voz alta.

Maria chega à sala e quase desmaia de tanta emoção.

Matilde corre para os braços de Maria. Ela não consegue conter as lágrimas.

As duas se abraçam com ternura.

Odete se senta muito emocionada.

– Minha filha, meu amor! – diz Maria secando as lágrimas de Matilde. – Não chore, o que houve?

Matilde não consegue falar.

Maria se senta abraçada a filha em um confortável sofá.

A emoção é enorme.

Os sentimentos de Matilde estão misturados, ela sente saudades, arrependimento e angústia por tudo o que fez a seus pais.

– Minha filha, o que houve? Pega água para ela, tia Odete, por favor.

Odete se dirige à cozinha.

– Acalme-se, minha filha. Me diga o que houve para você estar assim?

– Nada, mãe, nada.

– Meu amor, o que está acontecendo, está tudo bem com você? Você está gordinha.

– Eu estou bem, mamãe. Cadê o papai?

Odete chega à sala trazendo água. Matilde toma o copo em suas mãos e bebe todo o líquido.

– Beba, minha sobrinha, se acalme.

– Estou bem, tia.

– O seu pai já está deitado. Ele é um poço de tristeza, Matilde, acorda sempre pela madrugada e se senta no quintal embaixo do abacateiro, fica praticamente toda a manhã lá.

– Mas ainda são seis horas!

– Sabe como ele é, né, Matilde. Depois da morte da sua irmã, ele nunca mais foi o mesmo. Vive triste pelos cantos. Nunca mais teve prazer em viver. A sua única alegria era ir ao centro espírita. Trabalhou anos lá, mas agora não tem mais saúde para a casa espírita.

Matilde sente um enorme aperto no peito. Uma vontade de contar a verdade para a sua mãe.

– Amanhã eu converso com ele então, mamãe.

– Venha, vamos comer um bom pedaço de bolo. A sua tia Odete não deixa faltar um bom bolo nessa casa. Você deve estar com fome.

Matilde se acalma e se dirige junto com a sua mãe e Odete até a cozinha para tomar café.

Matilde se acalma.

Maria fica muito próxima de Matilde. A saudade é grande!

– Como estão as coisas em São Paulo, filha?

– Está tudo bem, mamãe.

– A sua tia me contou que você mora em um lindo apartamento e que é um sucesso em sua carreira.

– Tenho alcançado tudo o que sempre sonhei, mamãe.

– Só esqueceu de nós. – diz Odete.

– Não esqueci, não, tia. Todos os meses, eu mando dinheiro para os meus pais.

– Mas eles precisam é de seu amor. – diz Odete.

– Odete, deixa isso pra lá. – interfere Maria.

– Filha, e casamento, nada?

– Eu acho que encontrei o meu príncipe, mamãe.

– Olha que notícia boa. E por que ele não veio?

– Não estou bem certa se é isso que quero ainda.

– Matilde, você já não é mais uma menina, tens que pensar em seu futuro.

– Estou aqui, mamãe, para dar um ponto final em muitas coisas da minha vida.

– Meu amor, estou aqui para te ajudar. Pode contar comigo.

Odete pede licença e sai da cozinha.

– Ainda bem que ela saiu.

– Por que, Matilde?

– Eu quero ficar pertinho de você, mamãe.

– Eu estou aqui, filha, aliás, sempre estive.

– Mãe, eu quero te pedir perdão por minha ausência. Perdoe essa filha que muito te ama. Me deixei levar pelas coisas da vida e acabei deixando vocês um pouco de lado. Eu sei que o dinheiro ajuda muito vocês, mas falhei como filha.

– Você nunca falhou conosco. Tire isso de sua cabeça, eu e seu pai sempre estivemos aqui te esperando e sempre estaremos ao seu lado.

– Eu sei, mãe.

– Você se sente melhor?

– Sim, estou bem agora.

– Quer tomar um banho?

– Não, mais tarde.

– Eu tenho um compromisso agora.

– Estou vendo, a senhora está arrumadinha.

– Você não quer ir comigo?

– Ir aonde?

– Ao centro espírita.

– Centro espírita? Como assim, mamãe?

– Após a sua partida, foi no centro espírita que encontrei o amparo necessário. Sou uma das dirigentes lá. Eu tive que assumir esse compromisso após a doença do seu pai.

– Que bom, mamãe, eu nunca fui a um centro espírita.

– Então vamos, você vai gostar.

– O que vocês fazem lá?

– Eu vou te fazer uma surpresa, vamos?

– Vamos. Deixa eu colocar uma roupa mais confortável.

– Venha, vamos até seu quarto.

Maria e Matilde se dirigem ao quarto de hóspedes. E após trocar a roupa, Matilde e Maria se dirigem ao centro espírita.

"
As almas experimentam na vida o que
as tornará espíritos puros.
"
Ivan

O centro espírita

Maria chega ao centro espírita e é recebida com muito carinho. Matilde se sente leve e alegre com aquele momento.

Todos estão felizes em rever a pequena Matilde, agora uma linda mulher.

– Mãe, onde eu fico?

– Senta aqui ao meu lado, filha. Hoje a sessão é muito cheia, as pessoas vêm de longe para ouvir o Arnaldo.

– Quem é Arnaldo, mãe?

– O palestrante da noite.

– Como funciona, mãe?

– Como funciona o que?

– O espiritismo?

– Antes do seu pai ficar doente, ele evangelizou todos nós. Seu pai, após perder Eliana e deixar os vícios, se entregou totalmente à doutrina espírita. Excelente médium, palestrante e dirigente espírita.

– Papai?

– Sim, o seu pai. Nós nunca te incomodamos com isso. Mas o seu pai é um exemplo de amor ao próximo. É lamentável que ele esteja fraco e doente. Olhe para aquela parede, vê o quadro em homenagem ao seu pai?

– Sim. Que lindo, mamãe, eu não sabia de nada disso.

– Os anos se passaram, Matilde, você agora é uma linda mulher e nós envelhecemos, mas aprendemos muito com os espíritos.

O coração de Matilde se enche de amor.

– Olha, o Arnaldo chegou.

Alto, moreno e de cabelos crespos, Arnaldo já não é mais um menino, tem quarenta e cinco anos.

– Boa noite, Arnaldo! – diz Maria estendendo a mão direita para cumprimentar o palestrante.

– Boa noite, dona Maria.

– Essa é a minha filha. – diz Maria orgulhosa.

– Boa noite, senhorita.

– Boa noite, senhor. – diz Matilde com um leve sorriso no rosto.

– Muito bonita a sua menina.

– Obrigada, Arnaldo.

Todos se arrumam em suas cadeiras sedentos pelos ensinamentos do palestrante da noite.

O silêncio é total.

Arnaldo sobe ao púlpito e começa a sua pregação.

Matilde fica impressionada com tudo o que vê.

A união e o amor para com o próximo surpreendem seu coração.

Ela está feliz.

O tema da palestra escolhido para aquele encontro é o aborto.

Arnaldo começa a palestra lendo em voz alta um trecho do livro dos espíritos.

L.V – 358. Constitui crime a provocação do aborto, em qualquer período da gestação? "Há crime sempre que transgredis a lei de Deus. Uma mãe, ou quem quer que seja, cometerá crime sempre que tirar a vida a uma criança antes do seu nascimento, porque impede uma alma de passar pelas provas a que serviria de instrumento o corpo que se estava formando."

Matilde se sente emocionadíssima.

Maria percebe a angústia de sua filha e pega em suas mãos, frias e suadas.

– Tudo bem, filha?

– Sim, mamãe.

O palestrante então convoca todos os ouvintes a fazer uma profunda reflexão comentando as palavras de Chico Xavier sobre o tema. Em voz forte e alta, ele lê o comentário do iluminado Chico sobre o tema:

– Perguntado sobre o aborto, Chico responde com muito amor e humildade sobre do tema – diz Arnaldo.

– *Querido Chico, como nós podemos encarar a ação dessa substância química abortiva?*

– *CHICO: "Sempre que faço qualquer referência ao aborto, eu me lembro da utilidade do anticoncepcional.*

– *Se as pessoas unidas na comunhão sexual não querem filho ou filhos, eles dispõem pela misericórdia de Deus do anticoncepcional como elemento de socorro às suas necessidades.*

– *Muitas vezes essas duas criaturas querem a própria união ou o próprio casamento, mas não estão em condições de esperar para essa realização.*

– *Fala-se muito a respeito do aborto, mas eu penso em minha mãe, que me esperou em uma gravidez repleta de doenças, como aconteceu em meu nascimento. Se ela estivesse decidida a me expulsar do seu próprio seio através do aborto, eu não sei o que seria de mim.*

– *Noto que se temos o anticoncepcional, por que haveremos de promover a morte de criancinhas recém-natas por meio de processos cruéis, simplesmente para que elas não nos partilhem a vida, com uma terra tão imensa para ser lavrada, plantada e aproveitada em benefício da comunidade humana?*

– É impossível aplaudir o aborto que não seja terapêutico. O aborto terapêutico é necessário quando a vida materna está ameaçada.

– Eu me lembro de minha mãe a sofrer por minha causa e não posso bater palmas para uma crueldade dessa natureza".

A plateia fica estática e muito emocionada com as palavras de Arnaldo.

Matilde se emociona e deixa descer algumas lágrimas naquele momento.

Maria acaricia as mãos de sua filha como se soubesse que há algo que ela precisa fazer para ajudar a sua menina.

Após a linda e edificante palestra, todos tomam um passe. Matilde se sente acolhida, seu coração está decidido: – eu vou ter essa criança.

A sessão é encerrada e todos se dirigem para casa com a certeza de que não existem acasos e que Deus está no controle de todas as coisas que acontecem em nossas vidas.

Matilde se sente leve e feliz. Enfim encontrou as respostas que precisava para decidir sua vida.

Naquela noite, ela mal conseguiu dormir.

Teve sonhos e pesadelos.

Matilde acorda às cinco da manhã após ouvir um barulho na cozinha.

– Será que o meu pai acordou? – pensa a jovem.

Ela se levanta, se arruma e vai até a cozinha para ver se seu pai se levantou.

Surpresa e feliz, ela abraça o velho Josevaldo.

– Pai...

– Oi, filhinha! Que bom que você está aqui. Você chegou ontem?

– Sim, pai, cheguei e o senhor já estava dormindo.

– Ah, filha por que não me acordaram?

– Mamãe achou melhor deixar o senhor descansar.

Magro e frágil, Josevaldo mal consegue fazer o café.

– Deixe que eu faça o café, papai.

– Você sabe fazer?

– Não esqueci os costumes da roça, pai.

Josevaldo se senta na mesa da cozinha.

Felizes após vários abraços, ambos se deliciam do café.

– Você está tão bonita, filha!

– Obrigada, papai. E você está indo ao médico?

– Sim, estou me cuidando.

– Mas você está tão magro pai.

– A minha doença me deixa assim, filha.

– Pai, eu não quero que você morra. – diz Matilde abraçando o velho pai.

– Eu não vou morrer agora, filha. Ainda tenho que abraçar a minha neta.

– Neta? Como assim, papai?

– Venha, filha, vamos nos sentar no abacateiro.

Matilde auxilia o seu pai a caminhar até o abacateiro.

Ambos se sentam em duas confortáveis cadeiras.

O dia começa a nascer. O sol brilha no horizonte.

Calado, Josevaldo fica observando a alvorada e o canto dos pássaros.

– Ouve, filha?

– O que, pai?

– O canto dos pássaros.

– Sim, estou ouvindo, são muitos, né?

– Sim, Jesus disse em Mateus 6:26:

"Observai atentamente as aves do céu, porque elas não semeiam nem ceifam, nem ajuntam em celeiros; contudo, vosso Pai celestial as alimenta. Não valeis vós mais do que elas?"

– Que lindo, pai.

– Sabe o que isso quer dizer?

– Não.

– Que devemos observar as coisas de Deus com os olhos de Deus. Somos livres para semearmos tudo aquilo que desejamos, mas também somos intimados a colheita. Tudo o que fazemos somos destinados ao resgate, sejam coisas boas ou más.

Não somos melhores que os outros. Somos todos iguais aos olhos do Criador. – diz o sábio médium.

Matilde fica calada ouvindo um homem que ela nunca poderia imaginar que existia. Como o seu pai, humilde agricultor, conseguiu tanto conhecimento?

– Matilde, depois da morte de Eliana, eu me encontrei com Deus. Foi no espiritismo que encontrei forças para vencer a minha dor. Eu sei que Eliana está bem ao lado dos espíritos iluminados. E sei também que em breve eu poderei tê-la em meus braços.

Você tem agora, filha, a oportunidade de redimir-se de todos os seus pecados. Nunca me foi revelado pelos meus mentores o que realmente aconteceu naquele dia em que

Eliana nos deixou. Só me disseram para que eu esperasse, que um dia compreenderíamos tudo o que nos aconteceu.

– Venha aqui, minha filha, se sente ao meu lado.

Josevaldo se espreme na cadeira para dar lugar à sua amada filha.

Matilde se senta ao lado de seu pai.

Carinhosamente, Josevaldo puxa a sua cabeça e a encosta em seu frágil peito.

Encolhida e agarrada a seu pai, Matilde começa a chorar.

– Não chore, minha menina. Ouça as batidas desse velho coração que ainda bate de amor por vocês.

Soluçando, Matilde agarra seu velho pai.

Assim eles ficam por alguns minutos, calados e agarrados. Matilde não percebe, mas Josevaldo deixa correr lágrimas de amor em seu velho e cansado rosto.

Os pássaros se aproximam para comer as migalhas deixadas por Josevaldo, trazidas do café da manhã.

Pássaros lindos ficam ali bem pertinho iluminando aquele encontro.

Após o silêncio, o velho homem começa a falar;

– Minha doce filha, todos nós temos desafios que por vezes nos atordoam o caminhar. Você se encontra em uma encruzilhada, a vida faz isso conosco.

– Eu só te peço perdão, papai.

– Não sou eu quem tem que te perdoar.

– Eu sofri e sofro até hoje a morte de Eliana. – diz Matilde emocionada.

– Ela não morreu, filha. Nós não morremos.

Matilde seca as lágrimas e tira sua cabeça do peito do pai.

– Pai, eu posso te contar um segredo?

– Sim, minha filha, estou aqui como sempre estive.

– Eu estou grávida.

– Eu sei.

– Como você sabe?

– Vejo que ao seu lado há um espírito esperando para reencarnar.

– Como você sabe isso?

– Eu sou médium, minha filha, nós médiuns temos algumas coisas.

– Eu vou te dar essa neta, papai?

– Sim, como disse, vou ter em meu colo novamente Eliana.

– Eliana será a minha filha?

– Sim, está no desígnio de Deus.

– Eu não entendo muito bem isso, papai, mas depois daquela palestra que o Arnaldo fez ontem lá no centro, eu decidi, vou ter meu bebê.

– Estarei aqui te esperando para tê-la em meus braços, filha.

Maria se aproxima dos dois.

– Bom dia! Você não me acordou, Josevaldo.

– Eu não queria te incomodar, querida.

– Vejo que estão matando a saudade. Bom dia, filha!

– Bom dia, mãe.

– Estávamos aqui conversando. – diz Josevaldo.

– Que bom. Já tomaram café?

– Sim, mamãe.

– Vou tomar o meu e já volto.

– Está bem, querida.

Josevaldo abraça a filha e sussurra em seu ouvido.

– Volte para São Paulo. Case-se com aquele rapaz e volte para me trazer a Eliana.

– Como você sabe do casamento?

– Sou médium, filha, médium.

– Papai, eu te amo!

– Eu também, minha filha.

Após dez dias, Matilde volta a São Paulo.

"Não desacrediteis no bem, ele edifica o espírito eterno."

Osmar Barbosa

A vida não se resume a essa vida

Matilde chega a são Paulo e se dirige até seu apartamento para descansar.

Está decidida a conversar com Humberto e viver ao seu lado e de seu bebê. Em seu coração, há a esperança de felicidade.

No dia seguinte, ao acordar, ela recebe uma visita.

– Dona Matilde, posso entrar? – diz Lorena entrando pela cozinha.

– Entra, Lorena.

– Tenho uma visita especial para a senhora.

– Entrem. – diz Matilde.

Paula traz em seus braços a Nina, que dorme. Ao seu lado, está Eleni.

– Nossa, olha se não é a Nina!

– Essa é a minha filha, dona Matilde, e essa é a nossa amiga, a Eleni.

– Entrem, meninas, me deixe pegar a Nina no colo, Paula. Você está bem?

– Sim, já estou recuperada.

– Que bom! – diz Matilde recebendo Nina em seu colo.

Seu coração dispara, ela não entende muito bem aquele sentimento toda vez que pega a Nina no colo.

Eleni se aproxima e se apresenta a Matilde.

– Muito prazer, eu me chamo Eleni.

– Sejam bem-vindas. Vamos sentar aqui na sala.

Todos se sentam.

– Lorena, pegue algo para as meninas.

– Sim, senhora. – diz Lorena se dirigindo a cozinha.

Matilde sente o cheiro de Nina e se sente feliz.

– Ela é linda, não é, senhora? – diz Eleni.

– Sim, eu não sei porque amo tanto essa menina.

– Pois eu tenho um convite especial a fazer à senhora, dona Matilde. – diz Paula.

Lorena chega à sala trazendo refrigerante e água em uma bandeja com copos.

– Não fale, Paula, eu faço questão de fazer esse convite.

– Está bem, mamãe.

– Vocês estão me deixando nervosa. – diz Matilde.

– Sabe o que é, dona Matilde, é que a Paula e o Sandro querem que você seja a madrinha da Nina.

Matilde se sente emocionada. Ela sabe que aquela criança é especial em sua vida.

– É com o maior prazer do mundo que aceito ser a madrinha da Nina.

Todos ficam felizes e se abraçam.

– Eu sabia que a senhora ia aceitar, falei isso para a Paula.

– É uma honra para mim participar da vida da Nina.

– Existem almas boas, Paula. – diz Eleni.

– Por que a senhora diz isso?

– Matilde, eu trabalho nos hospitais dando amparo a mães de baixa renda, é um projeto lá do meu centro espírita. Faço isso há muitos anos. Eu torci para que você aceitasse a Nina, torci muito!

– Por que?

– Porque falaram lá no centro que você seria a pessoa ideal para apadrinhar a Nina.

– Que bom, eu acabei de chegar do Sul e visitei um centro espírita lá, confesso que estou encantada com os ensinamentos do espiritismo.

– É a nova era, nova vida, novas instruções que nos auxiliam a evoluir. – diz Eleni.

– Eu até vou procurar um centro espírita aqui em São Paulo, quero conhecer mais essa doutrina. O meu pai me ensinou muita coisa, mas quero aprender muito mais.

– Se a senhora quiser, és minha convidada para o próximo encontro.

– Vou aceitar. – diz Matilde feliz.

Nina se remexe e Matilde a acolhe ainda mais em seu peito.

Lorena está feliz.

– Paula, o que você precisar para a Nina a partir de agora é só falar comigo. Não aceito ser madrinha de nome, que ser a segunda mãe da Nina.

Emocionada, Paula sorri.

– Não fique assim, filha, eu te falei a dona Matilde é uma excelente pessoa.

– Sou grata, mamãe, por tudo!

A felicidade invade todo o ambiente. Matilde leva Nina para a sua cama para trocar-lhe a fralda. O momento é de muita felicidade.

Após o almoço, todos vão embora.

Matilde liga para Humberto o convidando para jantar. O jovem aceita de pronto e às 20h ele finalmente chega para sair com Matilde.

No restaurante ela, conversa com Humberto.

– Como foi a viagem?

– Foi ótima.

– Encontrou-se com os seus pais?

– Sim.

– E como estão as coisas por lá?

– Meu pai está bem fraquinho, mas está bem. A minha mãe, uma fortaleza.

– Que bom, Matilde!

– Humberto, precisamos conversar sobre o nosso filho.

– Eu já te fiz a proposta.

– Sim, e eu decidi aceitá-la.

– Nossa, que bom!

– Sim, você pode vir morar comigo, vamos logo acertar nossas vidas.

– Me mudo amanhã.

– Não tenha tanta pressa. Vou procurar a médica indicada pelo Romulo e começar logo o meu pré-natal. Quero saber tudo sobre o nosso bebê.

– Meu amor, eu estou e estarei sempre ao seu lado.

– Então está decidido, vamos morar juntos, e se tudo der certo, nos casamos assim que o nosso filho nascer.

– Está bem. Só me dê alguns dias para organizar toda a minha vida. Amanhã mesmo quero que você vá até a casa de meus pais para conhecê-los, e assim que você puder, quero ir visitar os seus pais.

– Está bem!

– Agora vou pedir um champanhe para comemorarmos.

– Eu aceito!

Após jantarem, Matilde volta para seu apartamento. Feliz e realizado, Humberto vai para sua casa ansioso em dar a notícia aos seus pais.

Os meses passam.

Matilde está no hospital para dar à luz a sua menina.

A gravidez correu bem e todos estão felizes.

Em homenagem a seus pais e a sua irmã, Matilde decide que a menina se chamará Eliana.

Com três meses de vida, Eliana, Matilde e Humberto desembarcam em Porto Alegre e seguem para a residência de Maria e Josevaldo.

O velho pai está em seus últimos dias.

– Tia Odete?

– Sim, quem é?

– Sou eu, Matilde, abra a porta. A mamãe está aí?

– Sim, estou indo, espere.

Odete se dirige e abre a porta para receber Matilde e sua família.

Maria ouvira o chamado e corre para receber a filha.

– Mãe!

– Oi, filha. Que isso? Que coisa linda, que emoção de te ver assim!

– Sua neta, mamãe, e esse é o meu marido Humberto.

Humberto entra e está feliz com o encontro.

– Nossa, seu pai vai ter um troço. Que alegria!

– Onde está ele, mamãe?

– Deitado, ele não está bem.

– Venha, vamos levar ela até ele. – diz Odete.

Matilde, segurando Eliana no colo, entra no quarto de Josevaldo, que com muito esforço, se senta na cama para receber a filha.

– Pai, olha quem eu trouxe para você abraçar!

Josevaldo começa a chorar. Todos ficam preocupados.

Matilde repousa Eliana no colo do pai. Emocionado, ele acolhe o bebê em seus braços, suas lágrimas são de alegria.

– Eu sabia!

– Sabia o que, homem?

– Eu sabia que antes de morrer eu iria te abraçar, Eliana. – diz o velho e cansado homem em lágrimas.

Maria se senta ao lado de seu esposo e também chora.

Todos se emocionam.

Eliana permanece quietinha no colo do avô.

É um momento de luz naquele lindo lugar.

– Eu posso pedir uma coisa, filha?

– Sim, papai.

– Deixa eu me sentar no abacateiro com ela no colo?

– Sim, vamos todos para lá.

Odete arruma mais algumas cadeiras embaixo do abacateiro e todos se dirigem para lá. Humberto ampara o sogro, que mal consegue andar.

– Ele está muito debilitado, Humberto.

– Deixa que eu levo ele. – diz Humberto pegando Josevaldo ao colo.

Assim, todos se sentam embaixo do abacateiro. É uma tarde quente de verão, os pássaros, habitantes naturais daquele lugar, percebem a presença do iluminado Josevaldo e se aproximam para dar boas-vindas a Eliana.

A família está sentada e feliz.

Ivan chega acompanhado de André, Luzia, Henrique e Daniel.

– Vejam, ela finalmente conseguiu reencarnar. – diz Henrique.

– Graças aos esforços de André e Luzia. – diz Ivan.

Josevaldo percebe a presença de seu mentor.

– Olha, Daniel, ele está com o coração vibrando de felicidade com a sua chegada.

– Eu sou o mentor espiritual do Josevaldo. Trabalhamos durante muito tempo em prol do espiritismo.

– Não sabíamos disso, Daniel. – diz Luzia.

– Como sabes, nunca nos afastamos dos nossos assistidos. Eu e o Josevaldo temos uma história antiga, que durará por toda a eternidade.

– Daniel sempre esteve ao lado de Josevaldo, essa ligação é antiga, são espíritos amigos de Amor e Caridade. – diz Henrique.

Nina chega e, ao seu lado, está Felipe, seu grande amor.

– Seja bem vinda, Nina! – diz Ivan feliz.

– Eu não perderia esse encontro por nada. – diz a jovem mentora.

– Ele te sente, Daniel? – pergunta Ivan.

– Sim, foram muitos anos trabalhando juntos no centro espírita. Nossa energia é cinética. Ele sempre percebe quando estou por perto.

– Você teve participação em tudo isso?

– Sim, é minha missão com ele.

– Não imaginava que era isso. – diz Ivan.

– Ivan, meu nobre companheiro, existem mistérios ainda não revelados a todos os espíritos da criação. Eu nunca falei a vocês sobre essa ligação porque ela não tem relevância nesses resgates. – diz Henrique emocionado.

– Foi uma tarefa árdua tudo o que conseguimos fazer. Após duas tentativas frustradas, nós conseguimos que esse grupo de espíritos se reencontrassem para juntos traçarem novos destinos.

O que vemos agora é a tarefa divina se concretizando.

– Eliana, após assassinar sua irmã em outra vida, quando era Serena, sofre a mesma agressão, escolhida por ela mesma para o resgate do que havia feito anteriormente. Humberto, que hoje reencontra a sua amada, é o Pedro da vida passada, e juntos viveram uma linda história ao lado de Nina, que é a irmã de Matilde de nome Laura. Novamente, elas se encontram para resgates e evolução. – diz o sábio Daniel.

– E Maria e Josevaldo?

– São os mesmos pais. Oswaldo e Maria.

– Então esse grupo agora tem uma nova oportunidade?

– Sim, mas o pior já passou – diz Henrique.

– Mas Serena, quer dizer, Eliana provocou o suicídio de Pedro.

– Isso é outra história, que já foi resolvida. – diz Henrique.

– Então entre Pedro e Eliana não há dívida?

– Não, eles se ajustaram naquela encarnação. Vocês se lembram que ela era apaixonada por ele?

– Sim.

– Pois bem, após o suicídio de Pedro, Serena entrou para um convento, e como freira, fez um grande trabalho em prol dos suicidas.

– Que bom! – diz Luzia.

– Tudo tem um motivo. Não há acasos. Todos estamos ligados uns aos outros para juntos nos tornarmos perfeitos, esse é o desejo do Criador.

Josevaldo está sentado e em seu colo está Eliana.

Todos sentados ao lado ficam felizes em ver tanto amor naquele momento.

Humberto está emocionado e vai até a cozinha para chorar sozinho segurando um copo com água.

Matilde percebe que seu amado não está bem e vai até a cozinha para consolá-lo.

– Você está bem, amor?

– Estou, não sei o que sinto nesse momento, meus sentimentos estão confusos. Parece que conheço o seu pai de alguma vida.

– Nada está ao acaso, é isso que aprendemos em nosso centro, amor.

Maria adentra a cozinha trazendo em seus braços a pequena e frágil Eliana.

– O que houve, mãe?

– Seu pai morreu.

Todos correm para o abacateiro.

Matilde se ajoelha e abraça o corpo morto de Josevaldo.

Todos se abraçam chorosos.

Henrique e Daniel se aproximam e emanam fluidos de paz àqueles corações.

Ao seu lado estão André, Ivan, Luzia, Nina e Felipe.

Daniel se vira e abraça Josevaldo, que ainda atordoado, assiste a tudo feliz.

Eliana acorda.

– Tome, Matilde, ela acordou.

Matilde olha para a sua filha, que lhe dá um lindo sorriso. Seus olhinhos brilham de felicidade.

Todos ficam ali estáticos com o momento especial daquela encarnação.

– Vamos, pessoal, aqui termina parte de nossa tarefa. – diz Henrique.

Josevaldo sorri.

Todos voltam para a colônia da Redenção.

Daniel, Nina e Felipe cumprem o destino traçado em outras vidas por Eliana e Matilde.

Assim, todos estão felizes e seguem para as colônias, afinal, o trabalho continua e o amor é o objetivo de todos os espíritos ligados por muitas vidas.

– Viu, Nina, como tudo está na ordem divina?

– Vi sim, Daniel, e confesso, estou muito feliz com tudo o que faço.

– Sejamos luz. – diz Daniel.

– Sempre luz. – diz Felipe emocionado.

Fim

"

Agradeço a Nina Brestonini por mais essa oportunidade evolutiva.

"

Osmar Barbosa

Outros títulos lançados por Osmar Barbosa

Conheça outros livros psicografados por Osmar Barbosa. Procure nas melhores livrarias do ramo ou pelos sites de vendas na internet.

Acesse

www.bookespirita.com.br

JOANA D'ARC
O AMOR VENCEU
OSMAR
BARBOSA
PELO ESPÍRITO DE NINA BRESTONINI
BOOK ESPÍRITA

OSMAR
BARBOSA
PELO ESPÍRITO DE NINA BRESTONINI
ALÉM DO SER
A História de um Suicida
BOOK ESPÍRITA

A BATALHA DOS ILUMINADOS
OSMAR
BARBOSA
PELO ESPÍRITO DANIEL
BOOK ESPÍRITA

500
almas
OSMAR
BARBOSA
PELO ESPÍRITO DE NINA BRESTONINI
BOOK ESPÍRITA

OSMAR
BARBOSA
PELO ESPÍRITO LUCAS
EU SOU
EXU
BOOK ESPÍRITA

OSMAR
BARBOSA
PELO ESPÍRITO DO CIGANO RODRIGO
Gitano
AS VIDAS DO
CIGANO RODRIGO
BOOK ESPÍRITA

O Amanhã
nos Pertence
OSMAR BARBOSA
Pelo espírito Nina Brestonini
BOOK ESPÍRITA

Mãe,
voltei!
OSMAR BARBOSA
PELO ESPÍRITO NINA BRESTONINI
BOOK ESPÍRITA

O Lado
Azul da
Vida
OSMAR
BARBOSA
PELO ESPÍRITO NINA BRESTONINI
BOOK ESPÍRITA

OSMAR
BARBOSA
Pelo Espírito de Nicolas
DEPOIS...
BOOK ESPÍRITA

O
LADO
OCULTO
DA
VIDA
OSMAR
BARBOSA
Pelo Espírito de Daniel
BOOK ESPÍRITA

Entrevista
com
Espíritos
Os Bastidores do Centro Espírita
por
OSMAR
BARBOSA

Entre Nossas
Vidas
OSMAR
BARBOSA
Pelo Espírito de Nina Brestonini
BOOK ESPÍRITA

Colônia Espiritual
Amor & Caridade
Dias de Luz
OSMAR
BARBOSA
Pelo Espírito de Daniel

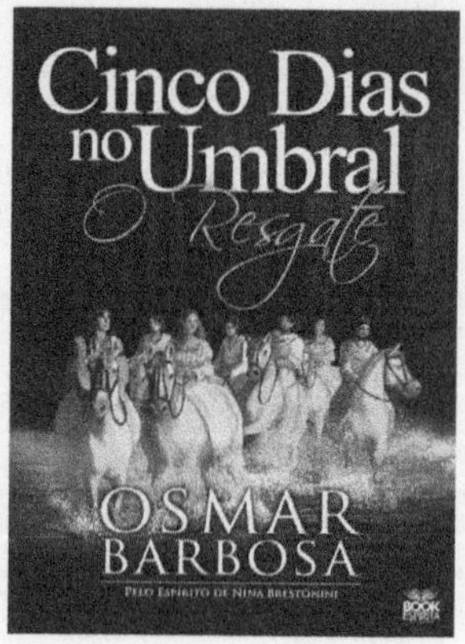
Cinco Dias
no Umbral
O Resgate
OSMAR
BARBOSA
Pelo Espírito de Nina Brestonini
BOOK ESPÍRITA

OSMAR
BARBOSA
Pelo Espírito de Lucas
Amigo
Fiel

VINDE A MIM
O Evangelho no Lar
OSMAR
BARBOSA
Pelo Espírito de Daniel
BOOK ESPÍRITA

IMPUROS
A Legião de Exus
OSMAR
BARBOSA
Pelo Espírito de Lucas
BOOK ESPÍRITA

O Médico de
DEUS
OSMAR
BARBOSA
Pelo Espírito de Nina Brestonini

AUTISMO
A ESCOLHA DE NICOLAS
OSMAR
BARBOSA

UMBANDA
PARA
INICIANTES
OSMAR
BARBOSA

OSMAR BARBOSA
PARAFRASEANDO
CHICO
XAVIER
Seleção das mais belas frases
de Chico Xavier

OSMAR
BARBOSA
Cinco Dias
no Umbral
O Perdão

Acordei no
UMBRAL
OSMAR
BARBOSA

ROMANCE ESPÍRITA
A ROSA
DO CAIRO
OSMAR
BARBOSA
Pelo Espírito de Nina Brestonini

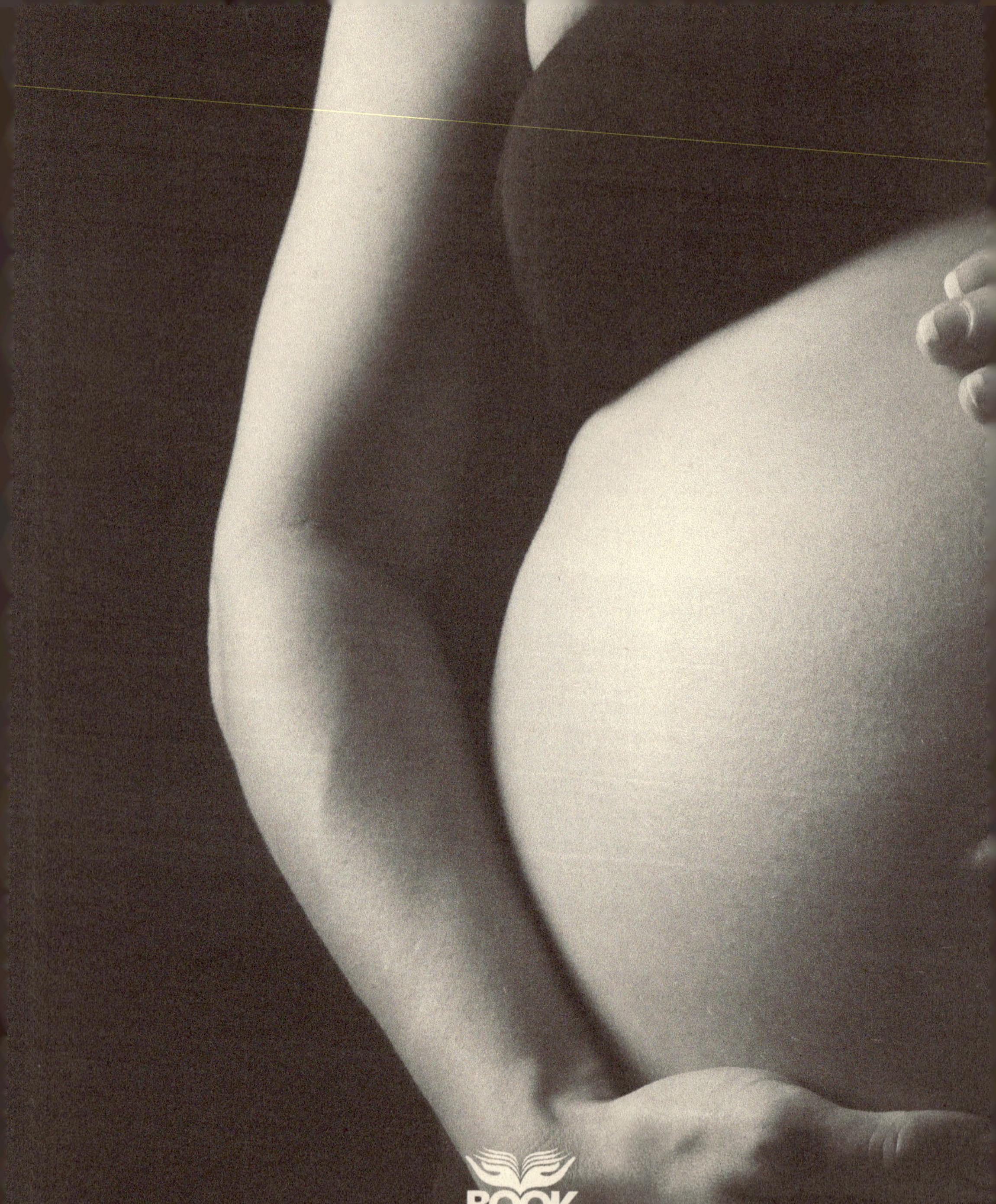

BOOK ESPÍRITA
EDITORA

Esta obra foi composta na fonte Century751 No2 BT, corpo 13.
Rio de Janeiro, Brasil.